Bärbel Mohr

Der Skeptiker und der Guru

Auf dem Weg zur eigenen Wahrheit

Omega

Die deutsche Bibliothek – CIP Einheitsaufnahme
Mohr, Bärbel:
Der Skeptiker und der Guru : Auf dem Weg zur eigenen Wahrheit / Bärbel Mohr. – Aachen: Omega, 2002

1. Auflage März 2002

© Copyright 2002 by Omega®-Verlag

Lektorat: Gisela Bongart

Satz und Gestaltung: Martin Meier

Druck: FINIDR, s. r. o., Český Těšín, Tschechische Republik

Covermotiv: ZEFA

Alle Rechte der Verbreitung, auch durch Funk, Fernsehen, fotomechanische und elektronische Wiedergabe, Internet, Tonträger jeder Art und auszugsweisen Nachdruck, sind vorbehalten.

für

Jola und Amos

Vorbemerkung

Alle Personen in diesem Buch einschließlich des Gurus sind frei erfunden. Die Beschreibungen des Ashrams, des Gurus und seiner Anhänger basieren auf einer Mischung aus Phantasie und eigenen Erfahrungen mit einem ganzen Dutzend realer Ashrams, die für diese Geschichte bunt zusammengemischt und durch andere Erzählungen ergänzt wurden. Bitte daher NICHT erwarten, daß man irgendwo einen Ashram findet, in dem es genau so zugeht. Dies ist eine Art Märchen, ok?

Indienreisende sollten außerdem beachten, daß es IMMER von jedem selbst abhängt, was er in welchem Ashram erlebt oder nicht. Daß die Gurus einen eingebauten Radar für Skeptiker haben und deren Zweifel absichtlich bestätigen, gehört zu den Dingen, die hundertprozentig wahr sind!!! Aber auch wahr ist, daß viele von ihnen reihenweise „Beweise" für die Existenz übernatürlicher Kräfte abliefern, sobald man eine offene und dem Leben gegenüber dankbare Haltung einnehmen kann. Es ist quasi wie immer im Leben – die Wunder kommen zu dem, der offen, vorurteilsfrei und voller Vertrauen ist.

Die letzten 30 Jahre habe ich ohne sentimentales Verliebtheitsgetue überlebt, und nach vulgärpsychologischer Einschätzung kann das nur an meiner versauten Kindheit liegen. Ich selbst hielt mich bisher einfach für nüchterner und weniger tüttelig romantisch als so manchen Zeitgenossen. Aber ich habe ihnen im Geiste bereits allen Abbitte geleistet, seit diese Frau in meinem Leben aufgetaucht ist und Samen in der „öden Wüste meines Geistes" gesät hat.

Elli, so heißt sie, hat mir Dimensionen in meinen Gefühlswelten eröffnet, von denen ich bisher noch nicht einmal zu träumen gewagt hätte. Das geht so weit, daß ich mich gefragt habe, ob ich bisher so etwas wie eine „verlorene Seele" war und nun gerettet worden bin?! Das heißt, falls der Durchschnitt der Bevölkerung dieses Gefühl wirklich so viel besser kennt als ich, wie es zu sein scheint. Aber manchen Schlagertexten nach zu urteilen kennen sie es. Während ich mich die letzten 30 Jahre immer nur gefragt habe, wie ein Mensch es fertigbringt, einen derartigen sülzigen Schwachsinn zu verfassen, kann ich inzwischen mindestens die Hälfte davon verstehen. Es ist unglaublich, was einem alles für Gedanken kommen, wenn die Hormone verrückt spielen. Man erkennt sich selbst nicht wieder.

Man erkennt sich allerdings auch nicht wieder in dem, was man alles zu tun bereit ist, bloß um so einen Menschen nicht wieder zu verlieren. Die nüchterne Wahrheit ist die, daß Elli eine totale Esoterikerin ist und ich einer der letzten vernünftigen Menschen auf diesem Planeten, nämlich ein reiner Rationalist, wie sie solche Leute wie mich nennt.

Ganz zu Beginn unserer zunächst zufälligen Bekanntschaft habe ich den Esoteriker gespielt, um mich lustig über sie zu machen. Aber wie diese Esoteriker so sind, hat sie es nicht gemerkt, sondern war völlig entzückt über meine überzogenen spirituellen Märchen, an die ich angeblich alle glaube.

Es kam, wie es nach Meinung meines Freundes Udo kommen mußte (auch so einer von diesen Esoterikern; ich glaube er tarnt sich mir gegenüber bisher zwar noch als schlimmstenfalls Halbesoteriker und halbwegs vernünftig, aber ich befürchte allmählich, daß er doch ein ganzer ist). Udo meinte, es sei eine Art universeller Strafe, daß ich mich so Hals über Kopf in Elli verliebt habe und mich nun nicht mehr traue, ihr die Wahrheit zu sagen, aus Angst, sie wieder zu verlieren.

Sie ist eine Anhängerin von irgend so einem indischen Guru, der sie ihrer Meinung nach „gerettet" hat, was immer das in diesem Fall heißen soll. Und natürlich wollte sie unbedingt, daß ich, als ihr neuer Freund, diesen ihren Lieblingsguru auch kennenlerne.

Und so sitze ich nun hier mitten in Indien in der Patsche. Die Anreise war heute morgen. Einziger Trost: morgen abend kommt Udo nach. Ich werde ihm dafür ewig dankbar sein. Er meinte, in einem indischen Ashram wäre er noch nie gewesen, es würde ihn aber schon seit Jahren interessieren, zumindest mal einen kurzen Blick hineinzuwerfen. Und so konnte ich ihn überreden mitzukommen, damit ich nicht ganz alleine unter lauter Irren bin.

Es ist bereits so grauenhaft, daß dieses Tagebuch bis morgen herhalten muß, bis Udo kommt und ich ihm alles erzählen kann. Aber was heißt eigentlich erzählen, er wird es ja dann sehen. Haha! Der Schlag wird ihn treffen. Wahrscheinlich zieht er sofort ins nächste Luxushotel. Aber ich, was mache ich? Wenn ich mich verrate, versage oder die Sache versaue, ist alles aus mit der Liebe meines Lebens!

Ich glaube inzwischen auch zu wissen, warum Elli überhaupt frei am Markt erhältlich war, sprich solo lebte. Sie ist auf mehr als eine Art weltfremd. Wahrscheinlich besteht der Deal darin, daß sie in unserer Beziehung meine Wüstenseele rettet, die bisher keine Liebe kannte, und ich muß den weltlichen Teil von ihr retten, der diesem Guru verfallen ist, was sie daran hindert, ihr Leben selbst in die Hand zu nehmen.

Sehr lebenstüchtig ist sie nämlich nicht, und Geld verdient sie so gut wie keins – im Gegensatz zu mir. Das ist natürlich ein weiteres starkes Argument für einen Indienurlaub. Ein Tag Vollpension in so einem Ashram kostet genau 10 Mark. Allerdings fürchte ich zu ihren Ungunsten, daß das nicht der einzige Grund ist, warum sie unbedingt hierher wollte. Sie steht wirklich auf diesen Typen. Ich habe ihn zwar noch nicht gesehen, aber so wie alles andere hier ist, kann der Guru auch nur eine Katastrophe sein.

Es fängt damit an, daß er offenbar vollkommen launenhaft ist. Wir haben vom Flughafen aus angerufen, daß wir jetzt losfliegen und daß sie uns bitte einen Fahrer zur Abholung vom Flughafen schicken sollen, der uns in den richtigen Ashram bringt. Der Typ hat nämlich zwei davon, und sie liegen circa sechs Stunden Autofahrt auseinander. Da sollte man schon wissen, wo der Mann sich gerade aufhält.

Am Telefon hieß es dann: „Ja, alles klar, wir bleiben noch mindestens zwei Wochen hier, wo wir sind, Fahrer wird geschickt."

Kaum kamen wir in Indien an, war der Fahrer auch schon da – immerhin. Allerdings hatte der Guru ein paar Stunden zuvor beschlossen, nun doch den Ashram zu wechseln. Es war allein unserem Glück zu verdanken, daß wir uns nun nicht auf eine stundenlange Fahrt in den falschen Ashram begaben, nur um dann gleich auf dem Absatz wieder kehrtzumachen, sondern daß der Fahrer gerade noch rechtzeitig von den neuen Plänen erfahren hatte.

Unser Glück auch, daß dieser Ashram, in den wir jetzt fuhren, größer ist als der andere. Denn obwohl wir ein Doppelzimmer reserviert hatten, hat uns der Typ am Telefon informiert – als wir wohlgemerkt schon am Abreiseflughafen waren –, daß nun leider doch kein Doppelzimmer mehr frei wäre, wir müßten in den Schlafsaal. Ich dachte, mich trifft gleich der Schlag. Um so weniger konnte ich es fassen, als meine Holde ganz gelassen meinte, so etwas könne vorkommen in Indien, die würden es da in vielen Dingen nicht so genau nehmen. Vom Doppelzimmer in den Schlafsaal umquartiert, und ihr macht es nichts aus! Ich habe ihre Ruhe bewundert, und in Gedanken sah ich zwei Wochen Zölibat vor mir. Wofür fahren wir denn eigentlich in Urlaub?

Aber das habe ich lieber nicht laut gefragt. Ich hatte da so ein warnendes Gefühl in der Magengegend. Sie wähnt mich schließlich als einen Verbündeten auf der spirituellen Suche. Noch zumindest, aber in dem Punkt ist es an mir, sie vor diesem Quatsch zu retten.

Ich hatte mich also beruhigt und nahm es auch mit Gelassenheit, daß wir vor Ort nun doch in einen anderen Ashram gefahren wurden – immerhin verdankten wir dieser Tatsache, daß wir ein Doppelzimmer bekamen. Als ich das dachte, hatte ich allerdings die Zimmer noch nicht gesehen.

Laut Auskunft meiner Liebsten waren die Ashrams ihres Gurus viiiiel luxuriöser als die der meisten anderen Gurus. Es gebe richtige Zimmer, Duschen und Klos. Toll, ein zivilisierter Ashram also. Klang ungefährlich.

Als ich dann allerdings das Doppelzimmer sah, konnte ich es mal wieder nicht fassen: Es war ein vollkommen leeres Zimmer mit schmutzigem Steinboden, vereinzelten Bauschuttresten in den Ecken und fertig. Es war genau gar nichts in diesem Zimmer. Die Klos und Duschen gab es, all right, aber es waren Gemeinschaftsbadezimmer für alle (mit getrennten Kabinen, man ist hier schließlich in Indien, nicht daß womöglich wer wem was weggucken könnte). Und außerdem gab es nur kaltes Wasser. Allein wenn ich DAS gewußt hätte, wäre ich vermutlich nie mitgekommen.

Aber ich war vorhin – es ist ungefähr sieben Stunden her, seit ich das Zimmer zum ersten Mal sah – viel zu müde vom Flug und der langen Wartezeit am Umsteigeflughafen, als daß ich hätte protestieren können. In meinem Geiste stieg lediglich das Bild eines Luxushotels auf, das ich im Vorbeifahren gesehen hatte und in dem ich sicherlich früher oder später einchecken werde.

Zunächst begnügte ich mich damit, meine Koffer in die Ecke zu stellen, zwei hauchdünne Billigmatratzen aus dem Schlafsaal zu holen und mit meiner Liebsten einkaufen zu gehen. Schlafsack und Bettlaken hatten wir mit. Aber niemand hatte mir gesagt, daß es kein Kopfkissen geben würde. Also brauchte ich eins.

Mit Fassung habe ich zur Kenntnis genommen, daß die Küche weder über Teller noch über Besteck oder Gläser verfügt. Vollpension bedeutet im indischen Ashram offenbar, daß jemand ein paar Tröge irgendwo auf den Boden stellt, denn es gibt weder Tische noch Stühle, und Geschirr eben auch nicht. Dafür hat man die hohe Ehre und Freude, sein Zimmer bei Ankunft selbst putzen zu dürfen (falls man seine Sachen nicht auf dem Dreck der Vorgänger ausbreiten will).

Putzzeug gibt es natürlich auch keins, aber das kann man ja mit dem Besteck gleich mitkaufen, genauso wie die Wäscheleinen, Handtücher, das Klopapier und die Plastiktüten.

Plastiktüten? Ja, Plastiktüten. Die Abwasserrohre in Indien sind nämlich ungefähr so dick wie anderswo der normale Wasserhahn. Das will heißen: Ein Fitzelchen Papier im Klo, und der Klempner muß kommen wegen Überschwemmung, verursacht durch Verstopfung.

Und da es ja hier gar nichts gibt, gibt es auch kein Klopapier und nichts, wo man das Klopapier hineintun könnte. Meine Freundin gedenkt offenbar die nächsten zwei Wochen jeweils mit einer Klopapierrolle und einer Plastiktüte unter dem Arm zur Toilette zu rennen, das gebrauchte Klopapier brav in die Tüte zu befördern und selbige dann als eine Art spezielles Beduftungssystem im Zimmer zu deponieren, bis die Tüte voll ist und in den großen Hausmüll geworfen werden kann.

Die Tüte auf dem Klo zu lassen ist leider nicht möglich, weil es aufgrund der Größe des Ashrams sehr viele Klos gibt und man ja nie weiß, welches frei sein wird, wenn man kommt. Und die anderen Ashrambesucher benutzen seltsamerweise kein Toilettenpapier. Scheinbar betrachten sie das Senken des Reinlichkeitsstandards als eine Art Höflichkeit gegenüber dem Gastgeberland.

Ich bin immer noch vollkommen fertig mit den Nerven, aber vor lauter Müdigkeit zunehmend wurstiger. Ich werfe mich jetzt auf die Matratze, jene hauchdünne, und versuche eine Runde zu schlafen. Morgen früh um 6 Uhr findet die erste Meditation statt – und ach ja, hatte ich das schon erwähnt? Man ist ja hier nicht freiwillig zu Besuch, die Teilnahme an der nächtlichen Meditation ist daher Pflicht. Man wird ansonsten gebeten, den Ashram wieder zu verlassen. Aber wer wird denn überhaupt an so etwas denken, schließlich sind wir doch deswegen hier, nicht wahr?

Ich werfe noch einen kurzen Blick aus dem Fenster und winke schon mal rüber zum Luxushotel. Ich bin sicher, wenn ich wieder klar im Kopf bin, fällt mir ein sehr guter Grund ein, dorthinüber zu ziehen. Vielleicht ist meine Holde ja gar nicht so ärgerlich, wie ich im Moment befürchte. Sie hat einfach nicht das Geld, sich so einen Schuppen zu leisten. Wahrscheinlich ist sie mir sogar tierisch dankbar, wenn ich ihr mal ein echtes Luxushotel ermögliche – und sei es diesmal auch nur ein indisches. Mit einem deutschen wird es vermutlich nicht zu vergleichen sein.

Liebes Tagebuch!

Wie glücklich bin ich, wieder hier in Sarajis Ashram zu sein. Und wie besonders dankbar bin ich, dem Guru diesmal meinen neuen Freund Ralf vorstellen zu können. Vor einem Jahr hatte ich Saraji beim Darshan um einen neuen Partner gebeten. Er hatte gesagt, zum richtigen Zeitpunkt werde sich alles fügen.

Vor drei Monaten war es soweit. Ich traf Ralf auf der Party meiner vollkommen rationalistischen Kollegin Renate. Zusammen mit meiner Freundin Ingrid geriet ich mit einigen Skeptikern in ein richtiges Streitgespräch. Zum Glück kam Ralf uns retten. Ich war wirklich erstaunt, wie klar er bei diesen spöttischen Kommentaren zu seinen spirituellen Interessen stand und die anderen durch sein überzeugendes Auftreten regelrecht zum Schweigen brachte.

Zufälligerweise – beziehungsweise ich bin mir sicher, daß in Wahrheit Saraji die Dinge so arrangiert hat – war ich danach diejenige, die einen Auftrag für Ralfs Firma nachbearbeiten mußte, und so lernten wir uns näher kennen.

Ralf hat manchmal einen etwas trockenen Unterton, aber er muß sich auch sehr alleine fühlen als Esoteriker in einem Software-Unternehmen, auch wenn er derjenige ist, dem es gehört. Aber ich vermute ganz stark, seine Angestellten sagen ihm nicht immer ganz ehrlich, was sie von seinen spirituellen Interessen halten. Er glaubt sowieso, daß sie es gar nicht wissen, aber das bezweifle ich. Irgendwas sickert doch meistens durch.

Ich bin nur Teilzeitsekretärin bei einem Drucker, aber als Ralf unserem Haus neulich einen Druckauftrag erteilte, gab es Probleme, und ich mußte die Reklamationen bearbeiten – zum Glück. Ralf war bei allen berechtigten Beschwerden, die er hatte, sehr, sehr höflich und unterhielt sich mit mir über spirituelle Dinge, anstatt sich über die Pannen in unserem Haus zu beklagen. Er war sehr verständnisvoll.

Der Funke sprang dann bei einem Ausflug an einen nahegelegenen See so richtig über. Es gab einen Moment, in dem Ralf und ich uns einfach nur ansahen. Ich hatte ein Gefühl von einer solchen Vertrautheit, daß es mir einfach die Sprache verschlug. Ihm ging es genauso, und wir sahen uns minutenlang einfach nur in die Augen.

Plötzlich waren seine Augen keine normalen Augen mehr, sondern es war, als wären sie Fenster ins Universum, die nur für mich gemacht sind. Es war, als würde ich durch ihn ins All und zum Anbeginn aller Schöpfung sehen können. Genaugenommen, das fällt mir gerade so auf, war es einer der spirituellsten Momente meines Lebens. Kein anderes Erlebnis reicht vom Gefühl an dieses heran.

Ralf ging es genauso, und seit diesem Moment ist einfach klar, daß wir einen gemeinsamen Weg gehen wollen. Wir haben nicht gleich darüber gesprochen. Wir waren einfach zu befangen und wollten diesen kosmischen Moment auch nicht mit Worten schmälern. Dieses Erlebnis in Worte zu kleiden wäre so gewesen, als wollte man die Rocky Mountains in ihrem schönsten Licht als Strichzeichnung mit zwei kurzen Zickzacklinien darstellen. So eine Darstellung hat mit dem

Original einfach wenig zu tun. So ging es uns auch mit diesem Moment. Worte hätten ihn nur beleidigen können.

Aber ab diesem Tag wußten wir, was wir wußten, und jedem von uns war klar, daß der andere es auch gespürt und gesehen hatte. Ganz gemütlich und genüßlich ließen wir eine Beziehung daraus entstehen und taten nur so, als wäre es nicht sowieso schon klar.

Die Krönung unserer frischen Beziehung ist nun unsere gemeinsame Reise zu Saraji, denn ich bin sicher, er ist es, dem wir unser Zusammentreffen zu verdanken haben.

Es ist immer noch unser Ankunftstag, und Saraji – so nennen sie ihn hier alle, und ich habe Grund zu der Annahme, daß dieser einfältig klingende Name ziemlich passend sein könnte – ist noch nicht auf der Bildfläche aufgetaucht. Da ist er zwar schon, aber er weilt im Heiligtum, wie man mich wissen ließ.

Oh cool, der Ashram hat einen eigenen Tempel, sagte ich gleich interessiert. Ich stellte mir vor, es könnte sich um ein architektonisch interessantes Bauwerk handeln.

Aber wie konnte ich bei aller bisher gesichteten Schlichtheit auch nur so naiv sein? Natürlich gibt es keinen Tempel. Saraji bewohnt zwei Zimmer in seinem Ashram, und weil er da wohnt, sind die Räume automatisch heilig. Daß er sich im Heiligtum befindet, heißt auf gut deutsch, er hängt vermutlich mit Bier und indischen Sweets vor der Glotze.

Daß er einen für Indien außergewöhnlich modernen Satellitenempfänger hat, da bin ich mir ziemlich sicher. Elli, meine neue Freundin, wollte nämlich genauso wie alle anderen Anhänger Sarajis „in Stille um das Heiligtum schreiten". Sie nennen es eine spirituelle Übung, aber die Wahrheit ist schlicht und ergreifend die, daß sie es alle nervlich überhaupt nicht packen, wenn sie ihrem Guru nicht die Füße küssen können, weil er seine Ruhe haben will und sich verschanzt. Meditieren und früh aufstehen läßt er sie nämlich alleine – man höre und staune. Er schläft geruhsam aus und läßt sich immer dann blicken, wenn ihm mal der Sinn danach stehen sollte.

Die Devotees ihrerseits, wie sie sich gerne nennen (zu deutsch: abgedrehte Anhänger) marschieren brav zu allen Meditationen, denn sonst fliegen sie ja raus aus dem Ashram. Dann gibt es noch die Mahlzeiten, und den Rest des Tages wartet man darauf, ob der Guru sich blicken läßt und man die supergigantische Ehre hat, sein erhabenes Konterfei persönlich anschauen zu dürfen.

Wenn man nicht darf, so wie heute, dann wandert man ums Haus, in Stille selbstverständlich, um ihn nicht beim Fernsehen zu stören. Dadurch hat man die selige Gewißheit, zumindest nur ein paar Meter von seinem physischen Körper entfernt gewesen zu sein. Falls man dabei nicht gleich in Trance verfällt und Visionen hat – und ich mache hier keine Scherze, manch einer bildet sich das ein, der Glaube versetzt offensichtlich Berge –, geht man dann irgendwann gegen Mitternacht schlafen, damit man zur Morgenmeditation um 6 Uhr (!) wieder fit ist. Ich habe mich geweigert, gleich am ersten Tag so früh aufzustehen. Nach der langen Reise habe ich ein Recht auf Ausschlafen, und als solches habe ich es Elli auch verkauft. Übermorgen sehen wir weiter.

Im Moment hält mich ein Lachkrampf wach, weshalb ich noch nicht schlafe, sondern diese Eindrücke auch noch kurz notiere: Saraji lebt nicht ganz so schlicht wie seine Anhänger. Was ich da nämlich gesehen habe, unter zwei Planen in einer Ecke des dunklen Hofes versteckt, ist ein fetter Mercedes. Ob man den zur Erleuchtung braucht??!

Damit habe ich Elli gegenüber schon einen Trumpf in der Hand. Sie hat ihn offenbar nicht registriert, als sie in heiliger Andacht ums Haus schlich. Ihr angebeteter Guru im supermodernen Mercedes! Oh, oh, ob du da nicht den Falschen anhimmelst, liebe Elli?!

Unklar ist mir bisher nur, woher er bei 10 Mark Vollpension pro Kopf und Nacht das Geld dafür nimmt, aber diese dunklen Kanäle werde ich sicherlich auch noch aufdecken.

Ach ja, bei einem dieser Rundgänge habe ich jedenfalls auch den Umriß von etwas Großem und Runden hinter dem Vorhang gesehen. Es hatte verdammt genau die Größe einer Satellitenschüssel, weshalb meine Wette die ist, daß Saraji das Fernsehprogramm heute spannender fand als die ganzen anhimmelnden alten Tanten.

Es sind zwar überraschenderweise auch ein paar Männer dabei, und nicht alle Tanten sind alt, aber die meisten. Wahrscheinlich seit Jahrzehnten solo, und nur noch Saraji tröstet sie. Aber vor diesem Schicksal werde ich meine Elli ja nun zum Glück bewahren.

Gestern abend gab es die Gelegenheit, den Ashram zu umschreiten. Ich liebe diese kleine Zeremonie, bei der ich die Atmosphäre des Ashrams ganz in mich aufnehmen kann. Es war wie eine Einstimmung und Vorbereitung auf die hohen Energien Sarajis.

Ralf schien erst etwas befangen zu sein, aber er kannte ja auch die Gepflogenheiten in einem Ashram noch nicht. Er ging dann aber doch gemeinsam mit mir und allen anderen um das Gebäude. Wenn man die Wohnräume Sarajis passiert, erfordert alleine schon der Respekt es, schweigend daran vorbeizugehen. Der zweite Grund ist natürlich der, daß man sich viel besser auf die Energien einstimmen kann, wenn man nicht so viel plappert.

Etwa bei der dritten Runde bekam ich einen kleinen Schock, als ich unter einer Plane im Hof versteckt etwas sah, das aussah wie eine Luxuslimousine. Mein Saraji kauft sich Luxusautos? Und ich hatte immer gedacht, er sei anders als die anderen Gurus und würde alles den Armen spenden.

Ralf schien nichts bemerkt zu haben, oder aber es bereitete ihm kein Kopfzerbrechen. Kurz überlegte ich, ob ich meinem Schrecken Luft machen und mich mit Ralf darüber unterhalten sollte, aber dann erinnerte ich mich an Sarajis Worte, daß man besser den Mund hält, wenn man nichts Gutes über jemanden zu berichten weiß. Man schafft sich damit nur schlechtes Karma. Das ist um so schlimmer, je reiner die Seele ist, über die man schlecht spricht. Es ist daher keine gute Idee, über einen Heiligen wie Saraji schlecht zu reden.

Also sagte ich nichts, aber in Gedanken bat ich Saraji um eine Erklärung. Bereits eine Runde später schämte ich mich wegen meines kleinlichen Mißtrauens, denn Saraji erhörte meine Frage und schickte mir bereits die Antwort. Wenn wir unser Bestes geben und unsere Sünden unter Kontrolle halten, dann folgt darauf sofort eine positive Antwort von Gott, sagt Saraji. Im täglichen Leben dauern die Antworten natürlich meist länger, aber in der Gegenwart eines Heiligen verwirklichen sie sich sehr schnell.

Meine Antwort lief eine Runde später bereits hinter mir her. Es war eine Frau, die seit vier Jahren fest im Ashram lebt, und als wir an Sarajis Hof vorbeikamen, flüsterte sie mir stolz ins Ohr: „Siehst du da hinten den Wagen unter der Plane? Den hat Saraji letzte Woche von Bertram zum Geburtstag geschenkt bekommen. Bertram, das ist der mit der beigen Robe."

Was war ich froh. Froh über die Antwort und darüber, daß Saraji meine Frage gehört und so lieb gleich eine Antwort geschickt hatte. Ganz gut auch, daß Ralf gerade etwas hinter mir zurückgeblieben war.

Es gibt einen Buchladen hier. Allerdings ist es anscheinend ebenfalls eine Art Ehre, diesen betreten zu dürfen, denn von regelmäßigen Öffnungszeiten kann keine Rede sein. Wer ein Buch haben will, ist gezwungen, permanent aus dem Fenster zu schauen oder am Laden vorbeizugehen, in der Hoffnung, daß irgendwann zufällig mal einer da ist.

Ich war hartnäckig genug und konnte den Fuß gerade noch rechtzeitig in die Tür klemmen, bevor er nach fünfminütiger Öffnungszeit gerade wieder schließen wollte. Ich habe alle Bücher gekauft, die es von oder über Saraji gibt. Die Lage erfordert fundierte Grundkenntnisse, um die Gefahren besser einschätzen zu können. Auch brauche ich Argumentationsgrundlagen, wenn es darum geht, Elli die Augen zu öffnen.

Fast hätte ich ein schlechtes Gewissen bekommen, als ich ihre strahlenden Augen sah, weil ich all die Bücher gekauft habe. Sie hat es mir als rührseliges Interesse an ihrem Saraji ausgelegt.

Leider muß ich sagen, die Investition hat sich mehr als gelohnt, und die Situation ist offenbar noch schlimmer, als zunächst befürchtet. Die Bücher wären ein gefundenes Fressen für eine deutsche Sektenberatungsstelle. Der Typ hält sich für Gott! Ohne Witz und ganz im Ernst – er glaubt, er ist Gott. Und ich bin Napoleon. In Deutschland könnten wir uns vielleicht ein Zimmer in einer psychiatrischen Anstalt teilen. Hier hat er einen Ashram und wird angebetet. Halleluja. Wenn sich das in deutschen Klapsmühlen herumspräche, gäbe es mit Sicherheit bald eine Ashramschwemme in Indien – und der deutsche Staat könnte sich die Unterbringungskosten für einen Haufen „Götter" sparen.

Da Saraji ja Gott ist, läßt er seine Anhänger wissen, daß es eine große Sünde wäre, ihm nicht zuzuhören. Mir schwebt ein entsprechendes Schild in den Räumen der Anstalten in Deutschland vor: „Die Insassen dieser Klinik zahlen allesamt hohe Preise für ihren Aufenthalt hier. Es ist daher angemessen, ihnen niemals ins Wort zu fallen und sich alles bis zu Ende anzuhören."

Unser Guru hier ist der Meinung, daß die Worte Gottes etwas Besonderes sind, und daher sei es eine Verschwendung der Energie Gottes, ihm nicht genau zuzuhören.

Der Mann ist eine echte Fundgrube für eine psychiatrische Studie. Er hebt jedes Gleichgewicht in zwischenmenschlichen Kommunikationen einfach auf, indem er verfügt, daß ihm alle bedingungslos zuzuhören haben, denn er ist ja Gott. Dumm ist er auf jeden Fall nicht, den Verdacht muß ich revidieren. Er empfiehlt nämlich obendrein, daß jeder seine Worte notieren solle, damit die Weisheiten Gottes nicht verloren gehen. Und wenn man sie nicht gleich verstehe – er ist wirklich ein ganz Schlauer –, dann läge das daran, daß man sich noch nicht auf der entsprechenden Entwicklungsstufe befände. Man solle die Aufzeichnungen sorgfältig aufbewahren und in Ehren halten und alle Jahre wieder durchlesen. Zum richtigen Zeitpunkt würden sie dem Anhänger dann ihren wahren Sinn enthüllen. Na, bravo!

Hinweis Nummer zwei auf eine Sektentätigkeit: Er rät den Anhängern dringend davon ab, auch noch andere Gurus und Heilige aufzusuchen. Man solle sich einen Lehrer suchen, dem man voll vertraue, und dann bei diesem bleiben und sich ihm ganz hingeben.

Das kann ich mir vorstellen, daß ihm das schmekken würde, wenn keiner mehr vergleicht. Es könnte ja einer merken, daß er einen an der Waffel hat. Ohne Vergleich wird das sofort schwieriger.

Kritiklos alles nachplappern, denn er ist ja Gott, und alles selbständige Denken einstellen – das ist die Botschaft seiner Bücher. Na bitte, das zusammen mit dem teuren Auto, und die Beweiskette ist komplett. Der Typ ist ein ganz gewöhnlicher Hochstapler, noch nicht einmal ein besonders kreativer. Ich frage mich, wie Elli bloß auf so einen hereinfallen konnte.

Am besten, ich lasse die Bücher an den betreffenden Stellen aufgeschlagen im Zimmer herumliegen. Vielleicht wirft sie einen Blick hinein und merkt es selbst.

Das nächste, was ansteht, ist, den Guru endlich einmal live in Aktion zu erleben. Vor meinem geistigen Auge sehe ich ihn schon vor mir, wie er mit weihevoll schmachtender Stimme seine Fans einlullt, ihnen tief in die Augen blickt und irgendeinen Schmarren über ihre verlorenen Seelen erzählt, die nur er retten kann.

Udo hat angerufen, daß er noch einen Auftrag beenden und den Flug verschieben mußte. Er kann daher leider heute noch nicht ankommen. Je kürzer er kommt, desto besser für ihn. Ich hielt es für meine Pflicht, ihn am Telefon zu warnen und nicht ins offene Messer rennen zu lassen. Aber er lachte nur und meinte, er wäre Campingurlaub gewöhnt, er wolle trotzdem kommen. Mir kann es nur recht sein, ich werde viel Trost aus seiner Anwesenheit ziehen.

🧘 🧘 🧘

Ralf hat mir ein Buch geliehen, das er sich über Saraji gekauft hat. Er ist wirklich so süß! Er hat sich gleich alle Bücher gekauft, die es gab, und forstet sie nun in einem irren Tempo durch, total gierig auf alle Informationen über unseren Saraji. Dabei hat er ihn bisher noch gar nicht selbst erlebt und wollte trotzdem schon alle Bücher über ihn haben. Wahrscheinlich hat er gleich die besondere Energie im Ashram gespürt und wußte einfach, daß ihm die Bücher gefallen würden.

Saraji sagt so wunderbare Sachen. Es ist wirklich ein Geschenk, hier sein zu dürfen. Zwar sind die Dinge, die er sagt, meist auch nicht ganz neu für mich, aber man spürt einfach, daß er eine direkte Inkarnation Gottes ist, wie er uns immer sagt. Denn was auch immer er sagt, es hallt das ganze Jahr in mir nach. Es ist, als würden die Worte lebendig werden, alleine dadurch, daß Saraji sie ausspricht. Sie sind dann nicht nur bloße Worte, sondern wie Wesen, die mit mir kommunizieren und mich auf eine ganz eigene Art berühren.

In dem Buch, das ich mir von Ralf geliehen habe, erklärt Saraji, warum es keinen Sinn hat, Gotteserfahrungen über Drogen zu suchen. Ich habe für mich immer gewußt, daß mich das nicht anspricht, aber ich fand die Argumente der Anhänger von bewußtseinsverändernden Stoffen eigentlich auch nicht so falsch. Ich konnte sie schon nachvollziehen, sie fühlten sich nur nicht richtig für mich an.

Saraji sagt, das Freiheitsgefühl in durch Drogen erzeugten Bewußtseinszuständen sei nicht echt, sondern eine Illusion. Das wäre so, als würde ein Bettler sich wie ein König fühlen, aber in Wirklichkeit bleibt er doch ein Bettler. Wer die Gotteserfahrung auf natürliche Weise mache, werde zum König in seinem Leben, er könne alles haben, aber der Bettler mit dem künstlichen Gotteserlebnis muß nach wie vor auf alles verzichten, denn er hat den Anschluß an die wirkliche Kraft Gottes verpaßt.

Ach Saraji, danke. Allein dieser Absatz war schon die diesjährige Reise wert, er erklärt mir, warum mein

Gefühl trotz aller tollen Argumente immer dagegen war. Bisher habe ich Sarajis Bücher nie gelesen, weil jedes 40 Mark kostet. Das liegt daran, daß sie ganz viele Farbfotos von Saraji enthalten. Nun bin ich aber sehr froh, sie durch Ralf doch noch persönlich in den Händen halten und lesen zu dürfen.

Später:
Saraji war da. Ich wußte es, und ich bin überglücklich. Immer scheint im Ashram alles perfekt zu laufen. Nicht nur, daß Saraji rechtzeitig wieder hergekommen ist und wir ihm nicht so weit entgegenreisen mußten. Auch daß er am ersten Tag noch nicht gleich da war und ich in Ruhe hier ankommen und mich wieder in die Atmosphäre einfühlen konnte, war einfach ideal für mich.

Heute abend saß er dann draußen im Garten, und wir konnten uns alle zu ihm setzen. Alle, das sind im Moment circa sechzig Leute. Er ließ uns ein Feuer anmachen, und es gab eine kleine Meditation und eine Segnung, bei der er jeden mit einer Rose berührte. Ich hielt die Augen die ganze Zeit geschlossen, damit ich mich ganz aufs Spüren konzentrieren konnte.

Danach gab Saraji einige Weisheiten weiter und unterrichtete uns. Er sagte, wir sollten nie über das Schlechte nachdenken, sondern immer nur über das Gute. Denn indem wir über das Schlechte nachdächten, färbe es auf uns ab. Wenn wir statt dessen in Gedanken Sarajis Namen und seine Lehren wiederholen, dann färbe das Gute daraus auf uns ab, und unser Charakter werde stärker und besser.

Außerdem sollten wir glücklich sein, denn Saraji habe das Universum aus Freude geschaffen. Wenn wir glücklich wären, könnten wir mit Gott verschmelzen, weil wir dieselbe Schwingung haben. Wenn wir unglücklich wären, dann mißachteten wir seine Schöpfung und entfernten uns von Gott.

Saraji macht deswegen immer sehr viele Scherze mit uns, denn wenn wir lachen, sind wir offen für die Energie Gottes und können vom Karma und allem Leiden geheilt werden.

Ich mag diese leichte und fröhliche Art Sarajis. Der Meister, den ich vor ihm hatte, lehrte im Prinzip dieselben Dinge, doch er wurde immer sehr ungeduldig, wenn wir nicht genug meditierten. Saraji wird nie ungeduldig, er lacht nur.

Natürlich habe ich auch Ralf beobachtet, wie er auf unseren Saraji reagiert. Ich glaube, er war ziemlich überrascht. Erst hatte er diesen trockenen kritischen Blick an sich, vor dem ich mich manchmal ein wenig fürchte, aber dann habe ich ihn kopfschütteln und lachen sehen. Besonders, als Saraji ihn direkt ansprach und ihn am Arm nahm. Das ist eine besonders hohe Ehre, wenn man vom Guru berührt wird. Bestimmt hat Ralf das auch gespürt.

Soll ich lachen oder weinen? Gestern abend habe ich den Guru kennen gelernt und bin definitiv überrascht. Er ist etwas anders, als ich ihn mir vorgestellt hatte, das muß ich zugeben. Aber wahrscheinlich ist er einfach zu klug, um den Leuten einfach nur tief in die Augen zu sehen und sie mit sülziger Stimme einzulullen. Das hatte ich erwartet, aber es war ein gründlicher Irrtum. Na schön, dann läuft das Spiel halt etwas anders.

Er ist eigentlich sogar auf den ersten Blick ganz sympathisch und wirkt sehr entspannt. Wahrscheinlich entspannt ihn die sichere Gewißheit, seine Schäfchen im Trockenen zu haben.

Es fing mit einer Segnungszeremonie an, und ich wollte davon verschont werden. Man sitzt da wie ein kleines Trottelchen, und vorbei zieht huldvoll der Guru, der einem etwas auf den Kopf träufelt. Aber so naiv bin ich einfach nicht. Das ist eine Unterwerfungsgeste und sonst gar nichts. Allerdings konnte ich mich wegen Elli nicht einfach in den Hintergrund zurückziehen. Mir fiel erst später auf, daß sie die Augen bei der Zeremonie die ganze Zeit geschlossen hielt.

Als der Guru zu mir kam, hielt er einen Moment inne und sah mich mit einem skeptischen Blick an. Mir wurde ganz flau im Magen. Zwar traue ich ihm eine solche Fähigkeit nicht wirklich zu, aber vielleicht ist er einfach über die Jahre hinweg psychologisch geschult. Jedenfalls schien er mir anzusehen, daß er mit mir eine Art Kuckucksei im Nest hat. Wahrscheinlich hatte ich einfach nicht den üblichen verklärten Blick drauf – na klar, das wird es sein. Jedenfalls glaubte ich plötzlich ein leichtes Schmunzeln auf seinem Gesicht zu sehen, und dann ging er weiter – und ließ mich aus. Als einzigen ließ er mich bei seinen Segnungen aus! Auch wenn es bloße psychologische Schulung ist, so muß ich trotzdem zugeben, daß er sich damit bei mir einen Pluspunkt und ein Gefühl der Erleichterung eingehandelt hat.

Er fuhr dann mit seiner mehr als billigen Lehre fort: „Lebe glücklich, lebe froh, wie der Mops im Haferstroh." Das ist im Grunde alles, was er sagt. Für diese Erkenntnis hätte ich nicht unbedingt nach Indien fliegen müssen.

Im letzten Leben – wenn es denn so etwas gibt, aber er glaubt ja dran – scheint er zudem Kabarettist gewesen zu sein, denn er riß einen Witz nach dem anderen und kam gegen Abschluß der Runde zu mir und nahm mich am Arm. Das hätte er sich von mir aus gerne sparen können. Wahrscheinlich hat sein heiliges Ego es nicht vertragen, daß da einer in den Reihen sitzt, der noch wach und unverklärt aus seinen Augen rausschaut.

Nun wollte er mich wohl mit einer pseudofreundschaftlichen Geste doch noch von sich überzeugen. Und bayerische Gäste scheint er auch haufenweise zu haben, denn er endete, während er mich am Arm mitzog, mit den Worten: „Dinner is ready. Komm Ralf, pack mers." Dann winkte er noch einen letzten Segen über die Gruppe, ermahnte alle ans Glücklichsein (Mops, Haferstroh und so), und statt einem „Amen" verkündete er mit einem Augenzwinkern „Luja, sog i."

Es gibt ja Halunken mit einem sympathischen und durchaus kreativen Grundcharakter. Ich glaube, er ist einer von diesen, denn ganz so plump wie ich nach dem ersten Buch befürchtet hatte, ist er wirklich nicht. Wahrscheinlich ist er eine Art „Bonny & Clyde" gleichzeitig, nur eben als indischer Heiliger getarnt. Ich konnte bei seinem „Luja, sog i" nicht anders, als lachend mit dem Kopf zu schütteln.

In Gedanken nahm ich mir vor, den Sekretär nach einem Tisch zu fragen, da ich den Verdacht habe, daß ich doch noch länger Tagebuch führen werde als zunächst geplant. Denn unterhaltsam scheint es ja zu werden mit dem Burschen. Und vom Schreiben am Boden tut mir allmählich der Rücken weh.

Wie der Zufall es wollte, saß ich beim Essen neben genau diesem Sekretär, und er fragte mich, ob ich Interesse hätte, dem Ashram einen Stuhl zu spenden, da er morgen Stühle kaufen werde, falls genügend Spenden zusammenkämen. Aha, von wegen nur 10 Mark am Tag, es sind also Spenden üblich. Auf meine Frage hin, ob man auch Tische spenden könne, bejahte er, und so werde ich morgen einen Tisch bekommen. So ein billiges Gestell aus Plastik zwar nur, aber Tisch ist Tisch, und ich muß noch nicht einmal selbst im Gewusel einer indischen Großstadt danach suchen. Auch eine interessante Erfahrung, über was für Kleinigkeiten man plötzlich noch dankbar sein kann.

Morgen kommt Udo nun doch an. Ein Glück. Ich werde versuchen, ihn auf dem Handy anzurufen, sobald er angekommen ist, und ihn bitten, eine Wassermelone mitzubringen. Im Moment würde ich ein halbes Königreich für den Geschmack einer Wassermelone geben. Es ist einfach grauenhaft heiß hier, viel zu heiß, um in die Stadt zu gehen und selbst nach einer zu suchen. Das wäre nämlich eine längere Aktion, soviel habe ich hier schon gecheckt.

🧘 🧘 🧘

Es geschieht immer so viel im Ashram, obwohl äußerlich betrachtet gar nicht viel zu passieren scheint, aber alles ist so intensiv.

Gestern abend dachte ich schon, wir würden Saraji an diesem Tag nicht mehr sehen, aber die Köchin hatte Wassermelone besorgt und geschnitten und verriet uns, daß Saraji sich diese Extraleckerei meistens nicht entgehen läßt und zum Mitessen herauskommt.

Ich glaube, Ralf mag meinen Saraji schon richtig gern, denn er war hellauf begeistert, als ich ihm berichtete, daß Saraji wegen der Wassermelonen wahrscheinlich noch einmal zu uns herauskommt.

Saraji hat dann wieder so schöne Dinge gesagt – nach einer kleinen Zurechtweisung an seine Devotees, die ständig hier wohnen. Dabei habe ich aber gar nicht so recht hingehört, weil ich fand, daß es mich letztlich nichts angeht, und ich wußte ja auch gar nicht so genau, wovon überhaupt die Rede war.

Hinterher jedenfalls spielte er ein indisches Brettspiel mit zwei Indern und einem Devotee, und da sagte er uns, daß Gott immer bereit wäre, uns den Himmel zu schenken, wir müßten ihn nur in Empfang nehmen. Und Saraji segnete uns alle für ein glückliches Leben in Fülle und Gesundheit.

Saraji sagte auch, daß sich in seinem Ashram alles verdreifacht. Alles, was wir denken, verwirkliche sich schneller als außerhalb des Ashrams, und all unsere Gedanken und Gefühle würden ebenfalls verdreifacht. Wenn wir daher einfach glücklich wären, würde das dreifache Glück zu uns zurückkommen.

Ich liebe Saraji, es ist einfach immer wie im Paradies bei ihm!

Ralfs Freund Udo ist übrigens auch angekommen. Er ist ein wenig respektlos unserem Saraji gegenüber, finde ich. Wir hatten trotzdem ein ganz interessantes Gespräch.

Aber es scheint Spannungen zwischen Udo und Ralf zu geben, von denen er mir nichts erzählt hat, denn Ralf stand irgendwann sehr plötzlich auf und ging einfach schlafen. Vielleicht war er auch wirklich müde. Mir kam es aber doch seltsam vor, nachdem er sich seit Tagen auf die Ankunft seines Freundes gefreut hatte.

Die ganze Zeit schon frage ich mich, wie Elli mit jedem hier so süßlich anhimmelnd tun kann und ob sie nicht sieht, was sich hinter den Kulissen abspielt. Es ist das typische Sektenleben, genau das, wovor wir doch alle schon in der Schule gewarnt wurden.

Vorhin habe ich mich mit diesem Bertram unterhalten. Es war ein sehr erhellendes Gespräch. Bertram ist megareich und dem Guru vollkommen verfallen. Als seine Frau starb, hat Saraji ihm zu einem neuen Lebenssinn verholfen, und nun küßt Bertram ihm ständig die Füße dafür.

Er wollte Saraji unbedingt ein Geschenk machen, das die Größe seiner Dankbarkeit irgendwie zum Ausdruck bringt. Aber Bertram sagte, er habe herausgefunden, daß es relativ sinnlos wäre, Saraji Geld zu schenken, denn das einzige, was er damit anfange, sei, eine neue Krankenstation zu eröffnen.

Ganz viele Inder haben aufgrund von Fehlernährung und zu viel Sonne einen grauen Star und sind daran erblindet. Sie können sich die 60 Mark für eine Operation nicht leisten. Saraji nutzt nun solche Spenden, um die Leute kostenlos operieren zu lassen. Sie bekommen statt der trüben Linse eine Kunststofflinse eingesetzt. Bis jetzt liegt die Erfolgsquote bei hundert Prozent – alle Operierten können wieder sehen.

Als ich höchst interessiert weiterbohrte, trabte Bertram davon und holte mir einen Prospekt über Sarajis Hilfsaktionen. Es gibt Krankenlager für Slumbewohner, eine Schule und viele andere Projekte. Ich war wirklich beeindruckt.

Bertram erzählte mir dann, daß seiner Meinung nach die Inder an ihrem Unglück selbst schuld wären. Man müsse ja nur aus dem Fenster sehen, um festzustellen, wie sie täglich auf Müllhalden hausen und keine Anstalten machen, den Müll aufzuräumen. Ärmlich könne es ja sein, aber den Dreck überall herumliegen zu lassen, dazu würde sie ja wohl keiner zwingen.

Er wollte sich bei Saraji und nicht bei den Indern bedanken. Nachdem aber jede Diskussion mit Saraji im Sande verlief und jede weitere großzügige Spende von Bertram wieder nur zur Neueröffnung eines Hilfsprojektes führte, kam Bertram schließlich die geniale Idee: Er schenkte Saraji einfach eine teure Luxuslimousine. Sie zu verkaufen wäre zu unhöflich, und so hatte Bertram endlich etwas gefunden, wie er dem Saraji selbst etwas Gutes tun konnte.

Ich war etwas schweigsam, als ich das hörte. Da ging sie dahin, meine Theorie vom Spenden verschleudernden Guru. So ganz überzeugt war ich allerdings noch nicht. Ich beschloß, jede Gelegenheit zu nutzen, bei der ich möglicherweise einen Blick in Sarajis Wohnräume werfen könnte. Wenn ich tatsächlich keinen überzogenen Prunk darin entdecken sollte, dann werde ich der Nächste sein, der einen Scheck für dieses Hilfsprojekt ausstellt. Denn wenn er in diesem Punkt ehrlich und gut ist, dann bin ich der Letzte, der das nicht anerkennt und die Leute hier nicht gerne mitunterstützt.

Bertram und ich saßen noch eine Weile zusammen. Als ich ihn jedoch fragte, was er von den manchmal etwas sehr zotigen Witzen seines Gurus halte und ob er wirklich so sicher sei, daß der Mann durch und durch sauber wäre, da hielt er regelrecht die Luft an und riß die Augen vor Entsetzen auf: So dürfe man nicht über einen Gott sprechen. Das gäbe ganz, ganz schlechtes Karma und wäre sehr gefährlich. Na bravo. Ich frage mich, wie es dem Mann gelingt, dermaßen viel Geld zu verdienen, wenn er so unkritisch veranlagt ist.

Das ist eben das Problem bei Sekten, daß den Leuten dort unbedingter Gehorsam gelehrt wird. Selbständiges Denken ist verboten. Und den Guru zu kritisieren ist eine gefährliche Sünde.

Aber offenbar hat jedes Ding seine zwei Seiten. Wenn die Hilfsprojekte wirklich in Ordnung sind, was ich herauszufinden wissen werde, dann ist dieser Teil seiner Arbeit wirklich bewundernswert. Aber wenn er seine Anhänger abhängig macht und ihnen militärischen, unbedingten und kritiklosen Gehorsam beibringt, dann ist das der gefährliche Teil, der eben nicht in Ordnung ist.

Wer weiß, was er so alles befiehlt, was die Gehirngewaschenen brav alles befolgen. Selbständig denkende Menschen sind einfach ungefährlicher, weil sie für all ihre Handlungen selbst die Verantwortung übernehmen. Saraji schreibt ganz sektentypisch in seinen Büchern, daß er der Gott sei, also könnten die Devotees ruhig alles ihm überlassen. Er werde hinfort die Verantwortung für alles übernehmen. Na bitte. Es wird Zeit, daß ich mit Elli rede, die Indizien mehren sich.

Überhaupt habe ich schon viel Zeit mit Einzelgesprächen hier im Ashram verbracht, um einen möglichst umfassenden Eindruck zu bekommen. Bei den Anhängern ist alles genau so, wie ich es erwartet habe. Bedingungslose Kritiklosigkeit und atemloses Entsetzen, sobald man seine Herrlichkeit, den Struwwelguru, in Frage stellt. Daß er aussieht wie ein wildgewordener Mop hat natürlich nichts mit seinem Charakter zu tun, gibt der Sache aber etwas zusätzlich Groteskes.

Grotesk auch die Differenzen zwischen den bisher gehörten Lehren Sarajis, gegen die in weiten Teilen gar nichts zu sagen ist, und dem, was das Volk im Ashram hier so lebt.

Außer dem Mops im Haferstroh lehrt er noch „Friede, Freude, Eierkuchen" und „Gott wird dich zu sich nehmen und dir weitere Erdenleben ersparen". Mit meinem Kommentar, daß es mir hier auf der Erde eigentlich gefalle, bei mir eile es nicht mit dem „Zu-sich-Nehmen", erntete ich auch wenig Gegenliebe. Ich wäre da offenbar noch zu unterentwickelt, war eine der Antworten der Anhänger von Saraji.

Die höherentwickelten Anwesenden dagegen praktizieren allesamt Hiebe, Streit und sich gegenseitig in die Pfanne hauen. Scheinbar führt das eher zur Erleuchtung als meine weltgebundene Ignoranz. Jeder zieht über jeden her, und die Inder, deren Land dies hier ist, scheint fast keiner zu mögen. Offenbar fühlt man sich regelrecht belästigt, wenn sie abends in Scharen von den Straßen zum Darshan des Gurus kommen und den Ashram bevölkern.

Wenn mich einer fragen würde, was wohl keiner tun wird, dann würde ich ja ganz klar diagnostizieren, daß ein Haufen fauler Rentnerinnen auf Weltflucht sich in diesen Ashram gesetzt hat und sich nun im Selbstaufgabefrust gegenseitig bekämpft. Etwas anderes kann ich bei allem guten Willen, meiner Elli zuliebe, hier nicht entdecken.

Später:
Udo ist inzwischen angekommen, und mein Verdacht, daß er ein heimlicher Vollblutesoteriker ist, hat sich erhärtet. Er war über den Lebensstandard hier keineswegs erstaunt, sondern hat sich als Kenner der Szene geoutet, indem er bereits Waschpulver und ein Kopfkissen sowie andere Kleinigkeiten mitbrachte.

Aber mir soll es recht sein. Ich denke, ein vernünftiger Mensch ist er trotzdem, und die Sektenstruktur wird er auch noch erkennen.

Obwohl der Guru selbst mich ja schon wieder überrascht hat. Ich werde das Sektenthema mit Udo auch nicht gleich ansprechen können, erst muß ich ihn selbst erleben lassen, was hier abläuft.

Als hätte der Guru es geahnt, daß ich heute beginnen wollte, Elli vor seiner Selbsternennung zum Gott und den Gefahren zu warnen, wenn er es als Sünde deklariert, ihm zu widersprechen und all diese Dinge, hat er heute eine beachtenswerte Show in entgegengesetzter Richtung abgeliefert.

Für Udo muß es ein kleiner Schock zum Einstieg gewesen sein. Es fing so harmlos an, wie ich es inzwischen schon gewohnt bin. Die Meute wanderte um den Schulhof, sprich um die heilige Hütte mit Sarajis Fernsehzimmer, von dessen Nichtvorhandensein ich noch lange nicht überzeugt bin. Dabei tuschelten sie, ebenfalls wie immer, über nichts anderes als die Frage, ob Saraji noch auftauchen werde oder nicht.

Er tauchte dann, in eine süßliche Duftwolke eingehüllt, kurz darauf auf und begrüßte seine „Kinder" überschwenglich wie immer. Udo schien ihn ganz lustig zu finden und er Udo auch, da er ihn gleich in den Arm nahm und erst mal nicht mehr losließ.

Mir warf er einen von seinen freundlich-skeptischen Blicken zu, so als wollte er sagen: „Na Kuckucksei, bist du auch noch da?" Seine Menschenkenntnis ist eben nicht schlecht, wie auch der Rest des Abends zeigte.

Er setzte sich auf einen Stuhl im Freilufttempel (eine dekorierte Halle für Gesänge und Empfänge), und sofort scharten sich alle Devotees gierig um ihn herum – jeder darauf bedacht, so nah wie möglich bei ihm zu sitzen und anhimmelnd zu ihm aufzusehen.

Letzteres sollte ihnen am heutigen Abend jedoch noch vergehen. Er hatte Beschwerden von Indern erhalten, darüber, wie die Dauerbewohner des Ashrams mit den indischen Besuchern umgehen würden. Das war ihm ein Anlaß für eine saftige Strafpredigt.

Jeder hier wolle die Erlösung durch Gott erreichen (außer mir, aber mich meinte er wohl auch nicht), aber etwas Gutes tun wolle keiner! Wenn seine Leute nicht in der Lage wären, sich ihren Mitmenschen gegenüber menschlich zu benehmen, sondern statt dessen arrogant und abweisend seien, wie sollten sie dann Göttlichkeit erreichen? So würde man vielleicht zum Tier werden, aber sicher nicht zum Gott.

Nach dieser Einleitung herrschte betretenes Schweigen, und dann zog er erst richtig vom Leder. Wer kein gutes Wort für seine Mitmenschen übrig habe, der könne von Gott, also von ihm, nicht mehr erwarten als eine Kakerlake, die von Andhra-Pradesh (sehr armer Staat in Südindien, in dem wir uns gerade befinden) nach Amerika reist, nämlich gar nichts. Die Kakerlake würde auch in Amerika das Leben einer Kakerlake führen müssen. Das einzige, was helfe, wäre, daß man sich selbst verändert und bessere Charaktereigenschaften entwickelt.

„Ihr lebt im Ashram zusammen mit Gott", erboste er sich weiter, und ich amüsierte mich. „Aber seid ihr überhaupt dankbar dafür? Wenn euch langweilig im Himmel ist, wenn ihr nur faul hier rumhängt, dann kann ich euch sofort auch die Hölle liefern..."

Während er weiterschimpfte, daß es dem Menschen offenbar nicht bekomme, zu friedlich und glücklich zu leben, denn dann sei es zu einfach, die schlechten Charaktereigenschaften, die man hat, zu ignorieren, wurde ich nachdenklich.

Zwei Dinge hatten eine Resonanz in mir gefunden: „Wenn dir im Himmel zu langweilig ist und du keine Wertschätzung mehr dafür hast, geh zurück in die Hölle", hatte er sinngemäß gesagt, und „Jeder sucht Erlösung, aber keiner will etwas Gutes tun".

Er sprach zwar zu seinen Dauerdevotees, aber mir fiel auf, daß die Sätze irgendwie auch auf mich und meine innere Wüste zutrafen. Ich suche keine Erlösung vom Leben auf der Erde, aber von meiner inneren

Wüste. Zwar lebe ich ein materiell sehr reiches Leben, und ich kann relativ frei über meine Zeit bestimmen, da die Firma meine eigene ist, aber meine Wüste zu begrünen, dazu war ich trotz allen beruflichen Erfolges doch nicht in der Lage gewesen.

Mir ist auf gut deutsch meistens im Leben scheißlangweilig, ich bin weit davon entfernt, für die vielen Dinge, die ich habe, wirklich dankbar zu sein, und ganz klar, die Drohung Sarajis hatte mich getroffen.

Wem langweilig im Himmel ist, der wird in die Hölle geschickt. Verglichen mit einem Leben in den indischen Slums lebte ich im totalen Himmel. Ist das schon der Anfang meiner Strafe oder ein Vorgeschmack auf die Hölle, daß ich jetzt hier für zwei Wochen in Indien sitze, statt mir den üblichen Luxusurlaub auf Hawaii zu gönnen?

Bin ich übersättigt? Klar, Ralf, die Frage brauchst du dir gar nicht zu stellen, du bist mega-übersättigt. Noch schlimmer kann es fast keiner mehr sein.

Ich beschloß, in Zukunft dankbarer zu sein, damit ich meinen Himmel nicht aus Versehen verliere.

Soweit in meinen Gedanken gekommen, hörte ich dem Guru wieder eine Weile zu. Irdisches Glück wäre zwar schnell zu erreichen, aber es würde ewig unglücklich machen. (Ob ihn die Luxuslimousine auch unglücklich macht? Ich vergaß – er mußte sie ja annehmen, der Arme.) Das spirituelle Glück Gottes könne man zwar nur durch langsame und beharrliche Arbeit an sich selbst erreichen, aber dafür halte es dann auch für immer.

„Alles kommt und geht, nur ich, Gott, komme und bleibe", schloß er in theatralischen Worten, wenn auch ohne theatralischen Unterton. Er sagte es einfach nur so. Aber da scheiden sich eben unsere Geister wieder. Erstens glaube ich überhaupt nicht an Gott, und daß er Gott ist, ist natürlich so lächerlich wie nur was.

Ich schwor mir, als erstes mit Udo und Elli darüber zu reden. Es wäre auch eine gute Gelegenheit, ein kritisches Gespräch zu beginnen, ohne daß Elli gleich merkt, daß ich sie von ihrem Guru abbringen will.

Nach seiner Strafpredigt spielte der Guru noch eine ganze Weile lang ein Brettspiel mit ein paar Leuten, und ich setzte mich mit Udo und Elli etwas separat in eine Ecke.

„Und, was hältst du vom Guru? Er sagt, er ist Gott. Hast du das mitbekommen?" fragte ich Udo.

Udo lachte nur und wiegelte zu meinem Erstaunen ab. „Na, aber du weißt hoffentlich auch, daß er nicht der einzige Gott in Indien ist?"

„Was meinst du damit?" fragte ich etwas verunsichert.

„Buddhismus, Hinduismus – schon mal was davon gehört?" fragte er mich leicht spöttisch. „In der indischen Vorstellungswelt ist es ganz normal, daß zu jeder Zeit haufenweise lebende Götter herumlaufen." Ich konnte ihm nicht so ganz folgen.

Udo klärte mich auf, daß Menschen, die über außergewöhnliche Heil- und Materialisationsfähigkeiten verfügen, in Indien als direkte Inkarnationen Gottes angesehen werden und sich auch selbst als eine Inkarnation Gottes in einem menschlichen Körper betrachten, aber sicherlich niemals als die einzige.

„Menschen, die über WAS verfügen?" platzte ich heraus. Elli sah mich mit großen Augen an: „Aber Schatz, wußtest du das denn nicht, daß er ein Avatar ist?"

Aus mir kam nur ein gequältes Glucksen heraus. Muß man das wissen als Esoteriker? Was, wenn ich es nicht weiß? Wird Elli was merken? Was in aller Welt sage ich jetzt?

Aber Udo, der meine Situation ja kennt, rettete mich ganz gelassen, indem er Elli antwortete: „Nein, die indische Tradition ist so ziemlich das einzige, womit er sich in der Esoterik noch nicht beschäftigt hat. Davon hat er keine Ahnung. Laß mich es ihm erklären."

Elli nickte überrascht, schien aber keinen Verdacht zu schöpfen.

Udo erklärte mir dann, daß die meisten sogenannten göttlichen Inkarnationen in Indien schon in ihrer Jugend damit aufgefallen sind, daß sie schwerkranke Menschen oft nur kurz zu berühren brauchen und diese danach geheilt sind. Das sei so ähnlich wie bei Uri Geller, dem Löffelbieger (dieser Vergleich trug ihm einen Ausruf des Entsetzens von Elli ein, aber er winkte nur ab).

Uri Geller wäre zwar in den siebziger Jahren von der deutschen Presse verrissen worden, aber er sei eines der meistgeprüften Medien unserer Zeit, und es gebe nichts daran zu rütteln, daß er Dinge auf paranormale Weise bewegen könne, ohne sie auch nur zu berühren. Selbst unter einer Glasglocke im Versuchslabor liegende Gegenstände habe er noch bewegt und verbogen.

Indische Heilige würden ihre paranormalen Kräfte gemäß der indischen Tradition typischerweise für das Materialisieren von heiliger Asche, auch Vibuthi genannt, und von Schmuckstücken für die Devotees nutzen.

Hier kam wieder ein Protestgebrummel von Elli. Das „typischerweise" gefiel ihr nicht. Er sei ein Gott, da könne er doch materialisieren, was er wolle.

Udo bezweifelte das. Er vertrat die Theorie, daß Saraji, wenn er in Deutschland geboren wäre, zwar sicherlich über die gleichen Energien verfügen würde, aber vielleicht Rosen zum Erblühen bringen würde, statt Schmuck zu materialisieren.

Während die beiden über die Wunder von Saraji stritten, saß ich nur sprachlos da. Wollten sie mir etwa weismachen, daß der kleine schräge Zwerg da vorne am Spielbrett in der Lage wäre, Materie einfach so entstehen zu lassen? Noch dazu Schmuck zur Freude seiner Anhänger? Das konnte doch wohl nicht wahr sein! Wie konnte einer der beiden so etwas glauben?

Stefan, ein anderer Urlaubsgast oder Gelegenheitsdevotee, hatte unser Gespräch mitgehört und studierte von der Seite wohl noch mein ungläubiges Gesicht. Jedenfalls stupste er mich an und zeigte mir zwei Ringe, die er am Finger trug. Die hätte Saraji ihm bei einem Darshan materialisiert. Er wäre erst lange durch die Reihen gegangen und hätte Vibuthi auf alle gestreut. Als er bei ihm angekommen sei, hätte er die Finger etwas länger zusammengerieben, und in Stefans Hände sei neben der feinen Asche auch einer der Ringe gefallen.

Ich betrachtete den Ring eingehend und fand, daß er wie ein Ring aus einem Kaugummiautomaten aussah.

Stefan meinte trocken, er habe schon viele Skeptiker getroffen. Ich müßte es halt selbst erleben, aber so gut wie jeder regelmäßige Besucher bekäme früher oder später etwas von Saraji materialisiert. Die Schmuckstücke wären gesegnet, und sie zu tragen würde einen ständigen besonderen Schutz für den Devotee darstellen.

Ich schwieg höflich. Was soll man dazu auch sagen. Außerdem saß Elli neben mir.

Stefan bemerkte wohl meine deutlichen Zweifel und wollte sie mit einer weiteren Geschichte zerstreuen. Einmal habe Saraji einen Stein in den Mund genommen und eine Weile darauf herumgekaut. Als er ihn wieder aus dem Mund nahm, war ein Kunstwerk daraus geworden: Er hatte den Stein in die Form von Ganesha gekaut.

Ganesha, das habe ich schon herausgefunden, ist auch so eine indische Gottheit, allerdings mit einem Elefantenkopf. Ob der wohl auch wirklich gelebt hat, so wie Saraji? Das hätte ich sehen wollen, ein Mensch mit Elefantenkopf!

Laut fragte ich mit eher resigniert schwacher Stimme (Elli war noch in das Gespräch mit Udo vertieft), ob Stefan schon jemals im Leben in der Show eines Illusionskünstlers gewesen sei. Den bereits fertig geformten Stein zusätzlich im Mund zu haben wäre wohl die geringste Übung für einen geschickten Gaukler.

Daraufhin machte Stefan mir einen Vorschlag: Ich solle doch den Guru einfach testen. Da sich im Ashram alle Gedanken verstärken und mindestens verdreifachen würden, kämen auch zufällige Fügungen im Ashram besonders häufig vor. Ich könnte Saraji ja in Gedanken um etwas bitten und abwarten, ob es erfüllt werde. Es wäre so ziemlich egal, worum ich ihn bitte, denn er könne im Prinzip alles erfüllen. Ich müsse nur mit negativen Gedanken aufpassen, da diese sich ebenfalls verstärken würden.

Darin gab ich ihm recht. Ich fühlte bereits eine schnell immer stärker werdende Depression über mich kriechen. Daß meine Elli dermaßen naiv ist und einem Illusionskünstler auf den Leim geht, das hätte ich nun wirklich nicht gedacht. Ich dachte, es ginge ihr wenigstens nur um seine weise Lehre, aber Ringe von der billigsten Sorte als göttliche Gabe aus dem Nichts zu betrachten, das war ja wirklich haarsträubend.

Ach, und Udo? Der schien ja ebenfalls daran zu glauben. Konnte es denn die Möglichkeit sein? Ich war offenbar von lauter leichtgläubigen Irren umgeben. Ich stand mürrisch auf und sagte, ich sei sehr müde und wolle sofort schlafen gehen. Weg war ich. Das war mir echt zuviel für einen Abend. Nicht nur, daß Udo mir nicht geholfen hatte, die Absurdität der Behauptung, der Saraji sei Gott, zu entkräften, jetzt auch noch so ein Quatsch. Nee, ohne mich, gute Nacht.

Beim Einschlafen bestellte ich mir in Gedanken noch ein persönliches Interview beim Guru. Ein Devotee hatte mir davon berichtet, daß so etwas auch möglich sei. Es gäbe allerdings keine Liste, wo man sich eintragen könne, wie ich gleich vermutete, und es koste auch nichts. Es ist vielmehr so, daß man in Gedanken den Guru darum bittet, und dann erhört er einen oder eben auch nicht.

So ein Quatsch zwar schon wieder, denn wahrscheinlich bittet jeder in Gedanken darum, und sei es nur aus Neugier, wie bei mir, und manche erhalten eben so ein Gespräch und andere nicht. Die, die es erhalten, glauben dann prompt, der Guru hätte ihre Bitte gehört.

Kurz vor dem Absinken in den Schlaf dachte ich noch: Wenn du meine Gedanken hörst, dann sprich mich doch bitte vor dem Frühstück an, sonst glaube ich gar nichts.

Zufrieden schlief ich ein, denn vor dem Frühstück tauchte er sowieso nie auf. Das wäre völlig gegen seine Gewohnheiten.

Am nächsten Morgen:
... Das sind drei leere Punkte, weil ich nicht weiß, wie ich anfangen soll. Heute morgen, gleich nach dem frühmorgendlichen Gesinge und Meditieren kam Sarajis Sekretär auf mich zu und ließ mich wissen, daß Saraji mich sehen wolle. Mir blieb kurz der Mund offen stehen vor Überraschung, aber dann ging ich mit ihm, äußerst neugierig und fast ein wenig mit wackeligen Knien.

Saraji saß an einem Baum weiter hinten im Garten, wo ihn noch keiner gesichtet hatte. Wahrscheinlich wären sonst eh schon wieder alle versammelt.

„Hier ist mein Ruheplatz", empfing er mich lächelnd. „Hast du gut geschlafen?"

Ich bejahte, immer noch zu überrascht, um selbst eine Frage zu stellen. Leider traf mich die Situation völlig unvorbereitet. Wenn ich geahnt hätte, daß er zufällig – oder was ist das hier? – wirklich ausgerechnet heute morgen nach mir ruft, dann hätte ich einen sinnvollen Fragenkatalog ausgearbeitet, aber so fiel mir erst mal gar nichts ein. Außerdem wollte ich wissen, welchen Grund er hatte, mich zu sich zu rufen.

„Bist du sicher, daß du diese Frau haben willst?" fragte er mich. Ich traute meinen Ohren nicht und starrte ihn nur völlig überrascht an. Was meinte er denn damit?

„Du wirst viel Arbeit mit ihr haben, auch wenn sie schon viel gelesen hat."

Nun blieb mir wirklich der Mund offen stehen. Mir fiel keine Antwort ein. Allerdings werde ich viel Arbeit mit ihr haben, und zwar damit, sie von ihm abzubringen, weil er ein Sektenführer ist. Aber daß ausgerechnet er mir das sagt?!

Ich konnte ihn nur fragend ansehen. Er lächelte mich aber sehr herzlich an und sagte: „Du solltest die Menschen nicht nach ihren Worten beurteilen. Die Worte können sehr verschieden klingen. Es ist auch wichtig, für welches Ohr sie gedacht sind. Dein wichtigster Kompaß im Leben ist dein Herz. Höre auf dein Herz, ob du dich mit einem Menschen wohlfühlst oder nicht. Und dann sieh auf seine Taten und beurteile den Menschen nach seinen Taten."

„Ich fühle mich mit Elli sehr wohl", brach es spontan aus mir heraus.

„Ich weiß, das ist sehr schön", erwiderte er. „Sie ist auch bereit, dir mehr zu geben, als sie je einem Menschen gegeben hat, denn ihr Instinkt funktioniert sehr gut. Sie spürt, daß sie bei dir an der richtigen Stelle investiert."

Wie meinte er das? Wollte er mir sagen, daß Elli vielleicht hinter meinem Geld her ist? Wenn ich wollte, könnte ich ihm ja von der Situation am See im Park erzählen, ganz zu Beginn unserer Beziehung. Aber was ging ihn das überhaupt an?

„Du kannst von Elli das Gottvertrauen lernen und deinem Instinkt zu trauen. Und umgekehrt bist du ihr wirklicher Guru, denn zu mir kommt sie nur zwei Wochen im Jahr, und sie hat noch nicht viel gelernt. Ich vertraue auf dich."

Mit diesen völlig unverständlichen Worten beendete er seine Ansprache, nahm meine Hand, drückte sie warm und wieder mit diesem so ganz unterschwellig skeptischen Ausdruck in den Augen, stand auf und schritt von hinnen.

Was in aller Welt soll ich davon halten? Ausgerechnet er ermuntert mich, Elli das beizubringen, was ich ihr beibringen möchte. Aber offenbar verwechselt er da was. Hier irrt er sich. Was auch immer er denkt, das ich Elli lehren will, die Wahrheit ist eine andere. Ich will sie lehren, ihre Weltflucht zu beenden und am Leben richtig teilzunehmen.

Und was sollte der erste Teil, daß ich die Menschen nicht nach ihren Worten, sondern mit dem Herzen beurteilen solle. Genau deshalb bin ich ja an Elli geraten.

Plötzlich schoß mir ein Gedanke durch den Kopf: Vielleicht hatte er mit diesem Satz gemeint, ich solle vor allem IHN mit dem Herzen und nach seinen Taten beurteilen. Das würde viel mehr Sinn machen. Ich bekam ein bißchen ein schlechtes Gewissen, falls es stimmte, daß man mir meine Gedanken so genau ansah. Schließlich konnte ich ihm außer einigen sehr befremdlichen Statements bisher wirklich nichts Schlechtes nachsagen. Ich beschloß, noch sehr genau hinzusehen, bevor ich ein endgültiges Urteil über ihn fällen würde.

Jetzt werde ich Elli suchen gehen, aber von dem seltsamen Gespräch möchte ich ihr im Moment nichts erzählen.

Ich weiß nicht, was los ist. Es ist zwar normal, daß man im Ashram immer irgendeinen persönlichen Prozeß durchläuft, aber langsam kommen mir Zweifel.

Ich empfinde die Zeit mit Ralf nicht mehr so intensiv wie am Anfang. Sicher, wir waren auch noch nie jeden Tag zusammen, aber ich hatte mir doch mehr erhofft.

Der Augenblick damals am See war so vielversprechend, und ich hatte geglaubt, daß dieses Gefühl sich schnell noch immer mehr steigern würde. Statt dessen kommt schon eine gewisse Alltagsleere auf.

Die ersten Tage im Ashram war ich mir noch sicher, daß Ralf der Richtige ist und der Partner, den Saraji mir geschickt hat, aber inzwischen bin ich mir gar nicht mehr sicher, ob ich nicht einen Fehler mache. Vielleicht war ich zu voreilig, und Ralf ist noch gar nicht derjenige, den Saraji für mich bestimmt hat.

Ich brauche dringend ein Interview mit Saraji, um ihn danach zu fragen.

Elli und ich verbrachten den Nachmittag im Bett, das heißt, auf der hauchdünnen Matratze auf dem Steinboden. Sie wirkte auch ein wenig nachdenklich und gab zu, daß sie sich im Moment ein wenig merkwürdig fühle. Sie führte es auf eine Art Prozeß in der Persönlichkeitsentwicklung zurück, den der Ashram bei ihr auslöse.

Ich traute mich erstmals, sie zu fragen, ob sie die Anhimmelei von einigen Anhängern nicht auch etwas übertrieben fände. Vorhin beispielsweise hatte sich Saraji ganze fünfzehn Minuten vor die Tür begeben und ein persönliches Gespräch mit zwei Besucherinnen geführt. Alle anderen hatten in zwanzig Meter Entfernung schweigend dagesessen und hinübergestarrt, immer in der Hoffnung, daß er danach ein persönliches Gespräch mit ihnen führen werde.

Ein Devotee, ansonsten ein netter Typ, saß zufällig nur drei Meter weit weg von der Gruppe mit Saraji. Er kam hinterher halb in Trance zu uns und ließ sich über die unendliche Ehre aus, daß er so nah bei Saraji gesessen hatte und ihn so genau hatte sehen dürfen. Er fühle sich höchst geehrt und gesegnet durch dieses grandiose Highlight seines Lebens.

Elli lachte zuerst ein wenig befangen und meinte dann, sie wisse keine Antwort. Sie werde Saraji fragen.

Ich dachte zuerst, ich müßte nun tagelang warten, bis sie ein Interview bei Saraji bekommt und dann geruht, mir mitzuteilen, was IHRE Meinung ist. Während ich darüber nachdachte, ob es nicht an der Zeit für etwas mehr Ehrlichkeit wäre und ob ich ihr klarmachen sollte, daß ich um IHRE Meinung und nicht um die von Saraji gebeten habe, kam ich mir regelrecht paranoid vor. Ich bin doch sonst nicht so schüchtern, und jetzt überlege ich mir jeden Satz zehnmal. Allmählich geht die Sache wirklich zu weit. Ich klappte den Mund auf, um zu einer entsprechenden Bemerkung anzusetzen, als Elli sagte: „Ok, ich habe ihn gefragt..."

Auf meinen verdutzten Blick hin sagte sie: „Na, ich meine doch innerlich. Ich habe mich mit ihm verbunden und ihn um Hilfe gebeten, daß ich die richtigen Worte finde, um dir zu sagen, wie ich es empfinde."

Ach so, ich war erleichtert. Das kenne ich inzwischen. Als Eso fühlt man ständig in sich hinein und lauscht der inneren Stimme. Das mache ich im Geschäftsleben vor jedem wichtigen Abschluß auch, daß ich erst einmal drüber schlafe und dann nach Gefühl entscheide. Ich würde nur nicht behaupten, ich hätte im Traum den Erzengel Gabriel befragt, der mir eine Antwort gechannelt hätte. Ich habe einfach nur innerlich Distanz gewonnen und dann nach meiner eigenen Intuition entschieden.

Der Prozeß ist mehr oder weniger derselbe, nur daß die Esoteriker diese bildhaften Phantasien benötigen, um auf ihre Intuition zu hören. Zumindest ist das mein Eindruck nach drei Monaten mit einer esoterischen Freundin. Die Methode ist zwar kindisch, aber das Ergebnis meistens gut, wenn sie innerlich die Erzengel oder irgendwelche Sarajis fragen geht. Mal hören, was ihr die Intuition nach ein paar Minuten Distanz zur Situation diesmal eingegeben hat...

„Es ist seltsam, daß wir nie darüber gesprochen haben. Ich dachte einfach, du kennst dich als Esoteriker auch mit den indischen Lehren etwas aus und habe daher nie danach gefragt, weil ich es für so selbstverständlich hielt. Saraji hat mir mal gesagt, ich würde zu viel lesen. Vielleicht hat er recht, daß ich zumindest sehr viel lese und daher all diese Dinge schon so lange weiß."

„Die Frage war, ob du es nicht auch ein wenig übertrieben findest, wenn jemand völlig zerfließt wegen der hohen Ehre, den Guru aus drei Metern Entfernung zu sehen?" erinnerte ich sie.

„Nein", war die schlichte Antwort. „Unser Saraji ist dasselbe wie Sri Sathya Sai Baba, eben eine direkte Inkarnation Gottes. Anfang der sechziger Jahre konnten die Devotees auch noch mit Sathya Sai Baba beim Tee im Garten Witze erzählen oder neben ihm sitzen. Inzwischen haben sich jedoch seine göttliche Energie und die Wunder und Heilungen, die er vollbringt, herumgesprochen, und zwar weltweit. Es leben alleine 600 Deutsche ständig in seinem Ashram, wenn ich richtig informiert bin. Und zu seinem letzten Geburtstag sind 1,5 Millionen Menschen gekommen. 1,5 Millionen, hörst du? Diesen Menschen ist einfach klar, wen sie vor sich haben und wie viel ihnen die Nähe einer so starken inkarnierten göttlichen Energiequelle geben kann. Unser Saraji ist genauso stark, deswegen ist die Ehre, ihn sehen zu dürfen, genauso groß wie die, Sathya Sai Baba sehen zu dürfen.

Bei Sathya Sai Baba wird dir schnell klar, daß es etwas Besonderes ist, neben ihm zu stehen. Wenn er einen Darshan gibt, dann werden unter den Neulingen die Plätze in den ersten zwanzig Reihen verlost, der Rest sitzt weiter hinten.

Unser Saraji ist der Öffentlichkeit noch nicht so bekannt, aber das ändert sich gerade auch. Wenn du in zehn Jahren wiederkommst, kannst du wahrscheinlich alle Anwesenden beeindrucken, wenn du ihnen erzählst, daß du mal neben ihm gesessen hast.

Verstehst du das? Würdest du es für etwas Besonderes halten, neben dem Papst zu sitzen? Vielleicht ist es am ehesten damit zu vergleichen. Nur daß eben der Papst keine Wunderkräfte besitzt und viel mehr nur ein gewöhnlicher Mensch ist."

Na, das war ja mal eine lange Rede. Ich äußerte vorsichtig, daß es sich eher so anhöre, als läge die Besonderheit Sathya Sai Babas in einer Art Pop-Star-Effekt. Die sind auch nichts Besonderes, aber dadurch, daß so viele sie kennen, halten die Menschen sie für etwas Besonderes. Ich würde mir einfach in Zukunft vorstellen, neben Elton John zu sitzen, wenn ich noch mal neben Saraji sitzen sollte. Vielleicht könnte ich dann am ehesten ein Gefühl der besonderen Ehre in mir hervorrufen.

Elli blickte etwas irritiert drein. Sie hätte bisher gedacht, daß ich ihn auch sehr verehre, sie sei etwas erschrocken über meinen plötzlichen Zynismus, meinte sie.

Mir fiel nicht viel mehr ein als zu sagen, daß ich vielleicht gerade auch einen inneren Prozeß, ausgelöst durch Sarajis Anwesenheit, durchlaufen würde. Daraufhin nickte sie verständnisvoll und streichelte mich mitfühlend.

Sie berichtete dann noch, sie habe Saraji im Herzen um einen Interviewtermin gebeten, aber bisher hätte sich leider nichts getan. Ich schwieg dazu. Es war quasi so, wie ich es mir gedacht hatte, jeder will früher oder später so einen Termin haben, und bei mir hatte es eben zufällig gleich geklappt und bei Elli nicht. Alles reine Statistik.

Ralf befindet sich in einem Zweifelsprozeß. Ich glaube, ich bin zu egoistisch, ich sollte ihn mehr unterstützen in seinem Prozeß, bestimmt braucht er meine Hilfe. Durch solche Prozesse stellt Saraji uns auf die Probe. Das passiert fast jedem, der hierherkommt, früher oder später.

Aber ich bin immer noch so mit meinen eigenen Zweifeln beschäftigt – zwar nicht bezüglich Saraji, sondern bezüglich unserer Beziehung –, daß ich gar nicht viel gesagt habe.

Moment mal, habe ich gerade Zweifel geschrieben? Na klar, ich Dussel. Saraji schickt gerade die Energie des Zweifels durch den Ashram als eine Art Reinigungsprozeß, und es erwischt einfach jeden von uns auf einer anderen Ebene. Ralf zweifelt an Saraji, weil er zum ersten Mal da ist, und ich zweifle an Ralf.

Ach Saraji, bitte erlöse mich bald von diesen Zweifeln und schenk mir einen Interviewtermin. Ich muß einfach Gewißheit haben.

Mein Gott, war ich gestern abend müde – oder sollte ich lieber sagen, „mein Saraji, war ich müde"?

Am liebsten wäre ich um 10 Uhr abends schon schlafen gegangen. Ich lag auf der Matte, zu faul, um noch irgendeinen Finger zu rühren. Gerade hatte ich mich aufgerafft aufzustehen, um mir die Zähne putzen zu gehen, als jemand eilig an unserer Tür klopfte und rief: „Saraji ist unten."

Jammer, Schmerz, was geht mich das an? Ich gehe heute schlafen. Elli war zuerst total entsetzt und sah mich strafend an. Dann schien sie es sich zu überlegen und fügte mit einem halben Lacher an: „Denk dran, den Papst hat man nicht alle Tage in so kleiner Runde für sich..."

Na schön, seit Udos Ankunft wartete ich sowieso nur darauf, daß er endlich Vibuthi materialisierte und ich den Trick outen könnte. Es wäre schon ärgerlich, wenn er es ausgerechnet heute abend täte und ich schlafend im Bett läge. Da ich zum Zähneputzen sowieso aufgestanden war, konnte ich ja noch mal mit runtergehen. Nur wegen Saraji wäre ich jedenfalls nicht noch mal aufgestanden.

Kaum unten angekommen, kam Udo mir mit einem Kaugummiring am Finger entgegen. Der Plastikstein war leuchtend orange. Ich dachte, das sei ein Scherz, aber er behauptete steif und fest, Saraji habe ihm das Blechjuwel soeben materialisiert.

Hätte er nicht fünf Minuten damit warten können? Jetzt habe ich noch einen Grund, neugierig auf seine Wohnung zu sein. Wahrscheinlich hängen die echten Juwelen an den Wänden, und die Dinger aus dem Kaugummiautomaten liegen, jederzeit griffbereit, irgendwo in einem Sack herum.

Die Meute der etwa sechzig Anwesenden saß bereits wieder im Kreis um Saraji, allerdings außergewöhnlich schweigsam. Es kamen weder Belehrungen noch Witze von seiner Seite, sondern er spielte und knipste nur an einem kleinen Billigradio herum. Währenddessen wurden gebackene Leckerlis und Tee herumgereicht.

Endlich habe ich auch dieses System begriffen. Das Essen im Ashram ist immer dasselbe: Reis mit mickrig wenig, aber dafür fürchterlich scharfer Soße. Getränke muß sich jeder selbst dazu besorgen. Wenn aber Saraji aus dem Loch gekrochen kommt, gibt es freien Tee und einen Nachtisch für alle. Es ist also auch für mich nicht ganz unrentabel, zu den Meetings zu kommen.

Nachdem wir fünfzehn Minuten schweigend herumgesessen hatten, warf ich Elli einen Blick mit hochgezogenen Brauen zu. Sie beugte sich herüber und flüsterte mir ins Ohr: „Im Ashram verdreifacht sich alles. Wenn du genervt bist, dann passiert um so länger nichts. Schließe innerlich Frieden mit der Situation und überlasse alles andere Saraji, oder wünsch dir was."

„Ok", flüsterte ich zurück, „ich schließe Frieden und wünsche mir, daß gemeinsam gesungen wird und daß Saraji ausnahmsweise mal mitsingt. Außerdem würde ich gerne mal einen Blick in Sarajis Wohnung werfen!"

Elli zog sich mit einem verlegenen Lacher wieder zurück. Ich konzentrierte mich auf das Gefühl von innerer Gelassenheit und innerem Frieden. Ich war doch eh zu müde, um seinem indischen Englisch oder dem gebrochenen Deutsch noch groß zuzuhören. Warum dann also nicht die „himmlische Atmosphäre", die Plätzchen und den Tee einfach nur genießen. Es ist doch eigentlich eher lustig mitanzusehen, ab wann die Situation peinlich wird und auch der letzte Devotee anfängt, unruhig auf dem Stuhl herumzurutschen. Ist ja dann nicht mein Problem, ich kann gelassen zusehen.

Ich muß sagen, die Methode des Friedenschließens und alles Saraji-Überlassens hat was. Mir fiel auf, daß mir das Schweigen und am Radio Herumknipsen vorher peinlich gewesen war und daß ich mich absurderweise irgendwie mitverantwortlich für die Situation gefühlt hatte und sie retten wollte. Deswegen fühlte es sich schlecht an. Nun, da ich alles Saraji – oder Gott, haha – überließ, ging es mir besser.

Kaum hatte ich mich zufrieden zurückgelehnt und die Augen geschlossen, wurde ich durch ein allgemeines Stühlescharren wieder aufgeschreckt. Saraji hatte sich erhoben, was immer zur Folge hat, daß alle anderen mitaufstehen. Er verkündete, daß wir alle reingehen würden. „Rein?" fragte ich meinen Sitznachbarn. „Wohin rein? Die Tür ist doch auf der anderen Seite, er geht zu seiner Wohnung."

„Ja, manchmal dürfen wir mit rein in den Vorraum zu seinem Zimmer", war die Antwort.

Aha, jetzt wurde es interessant. Wir rücken näher an den Prunk, dachte ich und erschrak gleich darauf gewaltig. Die Riesenwohnung bestand aus kargen Gängen, die sich von unseren Zimmern nur dadurch unterschieden, daß sie mit billigem Linoleum ausgelegt waren, aber von edlen Steinplatten wie im Tempelsaal konnte absolut keine Rede sein. Der Raum, in dem wir uns versammelten, enthielt als einziges Inventar ein Sitzkissen auf dem Boden für Saraji, einen Teppich und eine kleine Pflanze. Das war alles.

Und ich kann es genauso gut gleich sagen, auch als er später in sein Schlafzimmer ging, ergab der Blick durch die offene Tür auch nichts Luxuriöseres. Außerdem ist sein Zimmer offenbar auch eher klein, denn den Rest der groß gewähnten Wohnung habe ich ja jetzt gesehen. Nix los in der Hütte, würde ich sagen. Ganz so schlicht hätte es von mir aus gar nicht mal sein müssen. Das ist ja regelrecht ärmlich.

Ich mußte an mein Büro denken und fragte mich, ob meine Angestellten es vielleicht übertrieben prunkvoll finden. Natürlich beherberge ich keinen Prunk und Goldkitsch in meinem Büro, aber teuer und edel ist es schon. Wahrscheinlich würde der gesamte Ashram in etwa dasselbe kosten.

Wir setzten uns jedenfalls alle im Kreis, und ein Inder packte seine Trommeln aus. Danach sang Saraji höchstpersönlich mit einer Inderin etwa zwei Stunden lang für uns. Es gefiel mir zwar ganz gut, aber da ich wirklich sehr müde war, sah ich öfter zur Uhr. Die hatte ich vorhin bei der Aufzählung des Inventars noch vergessen: Es gab eine Uhr an der Wand.

Saraji bemerkte es und fing irgendwann an, mich nachzuäffen. Er sah auch ständig zur Uhr und grinste mich an. Und dieser Mann soll Ähnlichkeiten mit dem Papst haben? Nicht, daß ich in irgendeiner Religion wäre oder gar Interesse am Papst hätte, ich meine ja nur.

🧘 🧘 🧘

Heute mittag kam Saraji wieder zu uns. Niemand hatte damit gerechnet, da er gestern abend schon so lange für uns gesungen hat. Ich fand es wunderschön. Auch die Inderin, die er zum Mitsingen ausgesucht hatte, hat er sehr weise gewählt. Sie ist in den mittleren Jahren, schätze ich, aber sie singt mit dem unschuldig reinen Tonfall eines Schulkindes. Manchmal war es, als würde Gott einen kleinen verspielten Sommerwind durch die Blätter eines Baumes wehen lassen, und das wunderschöne liebliche Geräusch, das dabei entsteht, schien sie mit ihrer Stimme nachzumachen.

Saraji singt ebenfalls ganz natürlich und auch ein wenig kindlich. Ralf meinte, sie würden beide ziemlich falsch singen. Es ist schade, wenn er so wenig aus dem Erlebnis mitnehmen konnte, daß er nur die Fehler hörte und nicht das Wunder darin spürte.

Für mich war seine Reaktion sehr verwirrend. Vor allem deshalb, weil er kurz zuvor, als wir noch draußen saßen, gesagt hatte, er wünsche sich, Sarajis Wohnung sehen zu können und daß Saraji singen solle. Ich war ganz fassungslos, als genau das geschah: Alle gingen in Sarajis Wohnung, und er sang auch noch.

Ralf schien von diesem Wunder völlig unbeeindruckt zu sein. Statt dessen beschwert er sich, daß sie nicht richtig genug singen. Es ist zur Zeit fast so, als würde Ralf hier im Ashram seine Spiritualität verlieren, anstatt sie zu verstärken. Ich kann mir das Ganze überhaupt nicht erklären.

Um so intensiver dachte ich daher heute an meine Bitte nach dem Interview, während ich allein in Andacht ums Haus ging, als sich Sarajis Haustür öffnete und er heraustrat. Hoch erfreut hielt ich an und wartete in angemessener Entfernung, denn es ist eine der Regeln im Ashram, daß sich Devotees nie auf den Guru stürzen dürfen, sondern warten müssen, bis er sie zu sich ruft. Aber Saraji ist sehr großherzig, er läßt uns selten lange allein stehen, immer spürt er, wenn wir etwas auf dem Herzen haben, und so winkte er mich auch gleich heran.

Da ich die anderen schon kommen hörte, fragte ich ihn schnell und atemlos: „Saraji, ist Ralf der Partner, den du mir versprochen hast? Ich bin mir nicht mehr sicher. Bitte hilf mir."

„Du bist diejenige, die Ralf ein Versprechen gegeben hat", sagte Saraji mit einem ernsten Ausdruck im Gesicht. „Nun mußt du es auch halten." Dabei zwinkerte er jedoch schon wieder mit den Augen.

„Aber nein, Saraji", antwortete ich überrascht. „Wir kennen uns doch erst seit drei Monaten. Ich habe ihm nichts versprochen."

„Oh doch, du hast", sagte Saraji, während er meine Hände hielt. „Er hat sich auf dich eingelassen, weil er das Versprechen deiner Seele spürt. Und deine Seele hat ihn gewählt, weil sie weiß, daß er der richtige Guru für dich ist. Hab Vertrauen zu deinem Instinkt und halte dein Versprechen. Dies ist nicht das erste Leben, in dem ihr euch begegnet. Früher oder später werdet ihr euer Karma miteinander sowieso lösen müssen."

Das Entsetzen und der innere Streß bei dem Gedanken, daß ich ein Versprechen gegeben haben sollte und es nun halten müßte, standen mir im Gesicht geschrieben. Saraji schüttelte den Kopf und fügte hinzu:

„Ein Versprechen zu geben bedeutet nicht, daß du bestraft wirst, wenn du es nicht hältst. Ich liebe dich sowieso. Es bedeutet nur, daß manche Dinge langsamer gehen werden, wenn du es nicht hältst, und daß die Wahrscheinlichkeit, daß du selbst den Wunsch haben wirst, es zu halten, höher ist als die, es brechen zu wollen. Folge einfach deinem Wohlgefühl, und sei aufmerksam, womit es dir letztlich wirklich besser geht. Das ist alles."

Damit ließ er meine Hände wieder los und wandte sich anderen Devotees zu, die um die Ecke kamen. Ich war nur halb zufrieden. Natürlich vertraute ich ihm, und wenn Saraji sagt, Ralf ist der Richtige, dann ist er es auch. Aber trotzdem habe ich noch so viele Fragen. Oh Saraji, warum kann ich nicht einen ausführlichen Interviewtermin haben?

Heute habe ich freigenommen, hurra! Udo brauchte noch ein paar der üblichen Accessoires, die der Ashram selbst nicht zur Verfügung stellt, und da ich den Weg zum Supermarkt inzwischen kenne, bin ich mit ihm gegangen. Wir haben uns bei der Gelegenheit gleich für den ganzen Vormittag bei Elli abgemeldet. Sie hatte nichts dagegen, daß ich meinem Freund die Stadt zeigen wollte.

Wir haben die Einkäufe zunächst hintangestellt, denn als erstes wollte ich endlich bei dem Luxushotel vorbeischauen, das ich auf der Hinfahrt gesichtet hatte. Udo war einverstanden. Er kennt Indien zwar, aber dennoch liebt auch er den Dreck nicht. Ihm brennt bereits jetzt die Haut von dem hohen Chlorgehalt im Duschwasser, meine ist nur so trocken wie altes Pergamentpapier. Dafür habe ich seit der Ankunft Husten, und allmählich glaube ich, daß es von der miserablen und staubigen Luft hier kommt. Der Ashram liegt zwar auf einem eigenen Grundstück am Stadtrand, aber leider nicht weit genug von der Smogglocke weg. Wie ein Mensch hier dauerhaft leben kann, ist mir ein Rätsel. Permanent ist man entweder klebrig vom Chlor oder von einem Gemisch aus Schweiß und Staub. Ich habe auch durchgehend Dreck unter den Fingernägeln. Gestern abend habe ich sie vor dem Zubettgehen akribisch gesäubert. Direkt danach bin ich ins Bett gegangen, und heute morgen beim Aufwachen waren sie schon wieder schwarz. Daran sieht man, wie ungeheuer schmutzig die Luft hier ist. Wie wundervoll wäre da ein kleines Bad im Swimmingpool eines erstklassigen Hotels!

Wir fanden das Hotel sofort, und es war wirklich erste Sahne. Ich bekam richtig heimatliche Gefühle, als ich all die Anzeichen von Zivilisation sah: Tische, Bänke, eine Bar, ein ordentlich gefliester, sauberer und bauschuttfreier Boden. Entzückt sah ich mich an der Rezeption um, als wir angesprochen wurden, was man für uns tun könne.

Nun, die Preise interessierten mich eigentlich nicht. Ich wollte nur wissen, ob es freie Zimmer gäbe. Udo ließ sich dennoch eine Preisliste geben, und nachdem er kurz im Kopf nachgerechnet hatte, klopfte er mir begeistert auf die Schulter: „Alter Junge, wie wäre es zum Ausgleich für dein schweres Los mit der Präsidenten-Suite?"

„Ich lerne gerade Bescheidenheit. Mir reicht auch eine normale Suite, eins über den Standardzimmern, denn die will ich gerade nicht sehen."

„Es gibt Standard, Suite, Luxus-Suite und eben die Präsidenten-Suite. Letztere kostet ganze 250 Mark pro Nacht. Also so viel wie ein Billighotelzimmer während der Messe in Hamburg."

„Was?" Ich riß ihm das Blatt aus der Hand. „Sag das noch mal! Wir ziehen sofort hier ein. Für den Preis können wir jeden Morgen mit dem Taxi zur Meditation in den Ashram fahren und von mir aus spät in der Nacht wieder zurück. Oh Mann, das ist die Rettung. Glaubst du, das Duschwasser im Hotel enthält weniger Chlor? Auf jeden Fall wird es warmes Wasser geben!"

„Könnte sein", überlegte Udo. „Falls sie eine eigene Filteranlage haben, was dem Schuppen schon zuzutrauen wäre."

Ich wollte gleich einchecken, aber Udo zerrte mich erst einmal an die Bar am Swimmingpool, wo wir fragten, ob der Kaffee mit gechlortem oder mit ungechlortem Wasser gekocht würde. Es war der totale Luxus. Es gab echten Kaffee ohne Chlorwasser. Den mußten wir haben. Glücklich saß ich am Pool. Bloß schade, daß wir noch nicht eingecheckt hatten und ich meine Badehose noch im Ashram hatte.

Udo wollte wissen, wie sich unsere Beziehung im Ashram so machen würde und ob Elli immer noch an meine Spiritualität glauben würde.

„In der letzten Zeit habe ich mich ein paar Mal verplappert. Das Gurugesumse war mir stellenweise wirklich zu heftig", gab ich zu.

„Und wie hat sie reagiert?" wollte Udo wissen.

„Nicht begeistert natürlich. Eher verwundert und ein wenig enttäuscht. Aber an dem Nähegefühl zwischen uns hat es eigentlich nichts geändert. Im Moment fühle ich mich, als könnten wir zwar noch heftigen Streit bekommen, aber als wäre dieses Vertrautheitsgefühl zwischen uns so etwas wie ein Versprechen, das wir uns gegeben haben.

Vielleicht hätte ich ihr gar nichts vormachen müssen, und vielleicht hätte ich mir die Reise nach Indien auch sparen können. Ich bin mir im Moment nicht sicher. Aber jedenfalls fühle ich mich weniger panisch, daß ich sie wieder verlieren könnte."

„Na gratuliere", meinte Udo. „Allein wenn du das herausgefunden hast, hat sich die Reise doch mehr als gelohnt."

So gesehen hatte er recht. Elli war mir wirklich sehr wichtig, und natürlich kann ich mich auch nicht auf Dauer verstellen.

„Vielleicht", überlegte ich erfreut, „macht sie dann auch gar keinen so großen Rabatz, wenn ich ins Luxushotel umziehen will." Begeistert sah ich Udo an.

Er kaute eine Weile auf seiner Unterlippe herum, bevor er antwortete. „Mein Bauch und der Erhalt desselben sind mir zwar wichtig, aber habe ich dir eigentlich schon mal erzählt, warum es mich alle Jahre wieder in ärmliche Länder wie Indien und zu zwei Wochen wenig Futter für meinen Bauch oder sonstigen Luxus zieht?"

„Nein, ich glaube sowieso, daß du mir so manches noch nicht erzählt hast", nutzte ich die Gelegenheit für eine Anspielung auf seine uneindeutige Haltung zu spirituellen Themen.

„Vielleicht erzähle ich es dir in den nächsten zwei Wochen noch. Denn es sieht ja fast so aus, als wärst du zumindest etwas toleranter gegenüber gewissen Themen geworden."

„Das mit dem toleranter würde ich so nicht unterschreiben. Die Gefährlichkeit des Sektengebrabbels von unserem Guru würde ich gerne noch in aller Ruhe mit dir diskutieren. Aber immerhin habe ich eingesehen, daß man auch gute Eigenschaften haben kann, selbst wenn man sich anbeten läßt wie der Papst", sagte ich.

„Das ist doch schon mal was", grinste Udo. „Möchtest du wissen, was mir an Indien gefällt?"

„Laß hören!"

„Ok, aber erzähl es möglichst niemandem weiter. An Indien finde ich klasse: den Dreck, die schlechte Luft, die superunkomfortablen Unterkünfte in Ashrams und feierliche Anlässe bei Sathya Sai Baba."

Ich brauchte keinen Kommentar abzugeben. Es reichte aus, wie ein großes Fragezeichen dreinzublicken. Er fuhr fort: „Ich habe es bisher vorgezogen, dir von meinen gelegentlichen Besuchen im Ashram nichts zu erzählen, da ich keine Lust hatte, meine Lebensphilosophie zu verteidigen. Ich habe daher etwas geschummelt, auch beim Grund meines Mitkommens auf diese Reise.

Du weißt, daß ich sehr an meinem Luxus, meiner supermodernen Einrichtung im Büro und zu Hause hänge. Und eben deswegen brauche ich Indien. Nach zwei Wochen in dieser Umgebung bin ich wieder mindestens ein Jahr lang dankbar für jeden goldfarbenen Knauf an meinen Badezimmerarmaturen. Ich stehe bewundernd vor meiner Küche, streichele den Wohnzimmertisch und bekomme Tränen der Rührung, wenn ich mich auf mein Designer-Sofa plumpsen lasse und mit einer Handbewegung die Lichtschranke meines CD-Players aktiviere.

Du weißt, daß ich mit meinem Geschäft in meiner Branche außergewöhnlich erfolgreich bin. Ich bin überzeugt, daß ich den Erfolg meiner hohen Wertschätzung für alle Bequemlichkeiten und Dienstleistungen unserer Zivilisation verdanke. Ich bin den Kunden genauso dankbar wie den Zulieferern und meinen Angestellten. Kein noch so dumpfer Angestellter könnte je so langsam sein wie ein Inder bei 45 Grad Celsius im Schatten. Ich bin ihnen dankbar dafür, und sie arbeiten dafür bei mir doppelt so schnell wie bei der Konkurrenz.

Ich bin fest überzeugt, daß ich dieser Wertschätzung meinen dauerhaften Erfolg verdanke, und die Wertschätzung verdanke ich Indien. Spenden für einige von Indiens Projekten für die Armen des Landes sind bei mir ein fester Bestandteil in jeder Jahresbilanz. So, jetzt weißt du es."

„Wenn euch langweilig im Himmel ist, dann kann ich euch jederzeit in die Hölle schicken", sinnierte ich lakonisch.

„Was?" fragte Udo verständnislos.

„Ach nix", antwortete ich. „Saraji hat mich offenbar fest im Griff. Diese Botschaft Indiens hat mich durch ihn auch schon erreicht."

Udo zog nur eine Augenbraue hoch und grinste.

„Und was heißt das jetzt für unser Luxushotel? Du meinst, der Ashram ist genau die richtige Medizin für unsere parfümierten Luxushintern, und wir sollten die restliche Zeit noch schön dort durchhalten, oder? Verstehe ich dich da richtig?"

„Also", Udo rieb sich die Hände. „Normalerweise mache ich es immer so: Ich bleibe bis zum vorletzten Tag im Ashram, und dann ziehe ich in die Präsidenten-Suite!"

Gebongt. Wir schüttelten uns die Hände und klopften uns lachend auf die Schultern. Mit DER Aussicht konnte ich leben.

„Und was war das mit der Feierlichkeit bei diesem Baba-Papst?" wollte ich noch wissen.

„Stell dir Folgendes vor: Mehrere hunderttausend Menschen, jeder mit einer Kerze in der Hand, gemeinsam beim Mondenschein in einer warmen Sommernacht, singend. Und der indische Papst macht feierlich segnende Gesten dazu."

„Ok", lachte ich. „Ich bin so gut wie überzeugt. Die Stimmung ist mit Sicherheit sehr friedlich und gigantisch. Wann fahren wir hin?"

„Beim nächsten Mal. Du kannst ja schon mal Elli informieren. Dafür wird sie dir die Füße küssen."

🧘 🧘 🧘

Ralf kam völlig aufgekratzt von seinem Morgen mit Udo zurück. Er sagte, er hätte eine Überraschung für mich gebucht. Ich bekäme sie aber erst zwei Tage vor der Abreise zu sehen. Er ging dann etwas mit dem Ashramleiter besprechen und kam mit der Frage wieder, ob ich Lust hätte, an Weihnachten zu Sathya Sai Baba zu fahren.

Ich hatte schon geglaubt, er würde hier unspirituell werden. Es war einfach nur der Prozeß. Ich kann mir nichts Himmlischeres vorstellen, als ein derart gigantisches Erlebnis mit meinem Liebsten zu teilen.

Also heute kann mir Saraji mit jedem Blödsinn kommen. Ich werde mich über alles freuen. Der arme Mann mit seinem Linoleumboden. Bald werde ich am Swimmingpool sitzen. Vielleicht sollte ich ihm neben dem Scheck für seine Hilfswerke noch ein schickes Radio mit Minidisc- und CD-Player schicken, damit er die kleine Schrottkiste von gestern abend verschenken kann.

🧘 🧘 🧘

Saraji hat meine erneute Bitte um ein Interview erhört, aber es war wieder nur sehr kurz. Ich traf ihn auf dem Weg vom Waschraum zur Küche. Ich bat ihn, mir seinen Ratschlag von neulich noch etwas näher zu erläutern. Er sagte daraufhin: „Du liebst deine spirituelle Entwicklung mehr als alles andere. Ralf liebt seine Angestellten und sorgt für sie. Ihr könnt viel voneinander lernen." Damit wandte er sich bereits wieder ab und ging weiter.

Dieser Satz von Saraji war mir mal wieder ein Rätsel. Ich verstehe nicht immer gleich, was er meint, und wandte mich an eine andere Devotee und wiederholte ihr gegenüber, was Saraji gesagt hatte. Sie riet mir, eins von Sarajis Büchern aufzuschlagen. Vielleicht würde ich eine Antwort oder nähere Erklärung darin finden. Ich fand beim ersten Aufschlagen den Satz:

„Selbst wenn ihr 24 Stunden am Tag meditiert, ist das keine Garantie, Gott zu erreichen. Zuerst müßt ihr euch gute Eigenschaften aneignen und sie auch umsetzen."

Und ein Stück weiter unten:

„Wenn einer nur dasitzt wie eine Statue und für sich selbst meditiert, dann ist das sehr egoistisch, weil er Gott nur für sich alleine will.

Ein Skeptiker, der Gutes tut und mit anderen teilt, ist Gott lieber als ein Mystiker, der nichts tut und die Spiritualität als Ausrede zur Faulheit benutzt."

Autsch, ich schrak zusammen bei diesem Satz. Saraji hat mir immer wieder gesagt, man müsse auch mit der Materie Frieden schließen, wenn man wahrhaft erlöst sein wolle. Aber daß ich faul sei, hat er mir noch nie gesagt. Vielleicht hat er es gemeint?

In einem anderen Jahr hat er einmal gesagt, ich würde zu viele spirituelle Bücher lesen. Irgendwann müsse ich das Gelesene auch umsetzen. Wollte er mir vorhin sagen, daß Ralf schon viel weiter ist als ich, weil er viel mehr umsetzt?

Mit diesem Gedanken mußte ich erst mal allein sein. Ich schlich mich in eine entlegene Ecke des Gartens und dachte nach.

Bisher hatte ich eigentlich gedacht, daß ich irgendwie schon weiter bin als Ralf, weil er so leicht unzufrieden ist und an allem herumnörgelt. Aber der Satz von Saraji hatte mir ernsthaft zu denken gegeben. Ralf nörgelt zwar viel, aber es stimmt, er tut auch sehr viel für andere. Die meisten Leute in seiner Firma verdanken ihm eine ganze Menge. Einmal riet er einer Frau, zur Konkurrenz zu gehen, weil sie dort bessere Chancen für ihre persönliche Karriere hatte, von der sie schon so lange träumte. Ralf konnte ihr dasselbe nicht bieten und vermittelte ihr sogar einen Kontakt zu der anderen Firma. Da diese Frau wirklich sehr gut und sein Konkurrent Ralf dankbar für die Empfehlung ist, arbeiten die beiden inzwischen in Teilbereichen sogar zusammen.

Man kennt sich bei Ralf manchmal nicht aus, weil er so maulig sein kann. Aber in Krisensituationen kann man ihm wirklich vertrauen, soviel weiß ich schon von ihm.

Ich wage gar nicht, mir die Frage zu stellen, inwieweit jemand MIR in Krisensituationen vertrauen kann. Fast befürchte ich, daß ich zum Davonlaufen und Meditieren tendiere. Bisher habe ich das immer für das Höchststehende gehalten, was ich tun kann. Vielleicht ist es das gar nicht? Dann wäre Ralf ein besserer Mensch als ich, obwohl ich nie so nörgelig bin...

Oh je, Saraji, in was für eine Krise hast du mich da gestürzt? Ich vertraue darauf, daß es gut enden wird, aber im Moment fühle ich mich ganz schön schlecht und verwirrt. Ich dachte doch, wer meditiert und spirituelle Übungen macht, ist Gott am nächsten. Dafür sind wir doch schließlich hier im Ashram, und dafür gibt es die vielen Meditationen. Wie bringe ich das alles nur zusammen?

Ich saß noch lange im Garten und fühlte mich ziemlich schwermütig.

Der Guru kam wieder zum Teekränzchen raus. Seltsamerweise war Elli verschwunden und nicht auffindbar. Leider hatte ich auch noch die verkniffenen Schwestern neben mir sitzen. Das sind zwei alte Tanten, die seit Jahren mehrmals im Jahr hier anrücken und die mit am verklärtesten von allen dreinschauen. Sie halten sich außerdem für so etwas wie die Oberaufseherinnen über die guten Sitten im Ashram. Bisher kamen sie täglich zwei- bis dreimal am Tag mit erhobenem Zeigefinger und strengem Gesichtsausdruck zu mir gelaufen, um mich darüber aufzuklären, was ich wieder alles falsch machte.

Die Füße beim Sitzen auszustrecken gilt als respektlos, seine Freundin darf man öffentlich nicht anfassen, kurze Hosen kommen nicht in Frage, die Farbe der Kleidung sollte am liebsten immer weiß sein, und warum eigentlich habe ich noch immer kein richtiges indisches Gewand? Ich bin doch schließlich schon mehrere Tage hier?! So geht es den ganzen Tag.

Irgendwann fiel mir auf, daß die Belehrungen immer nur von diesen beiden kommen, dabei gehören sie gar nicht zu den festen Ashrambewohnern.

Bei den nächsten Belehrungen ging ich jeweils hinterher einen der Dauerbewohner oder den Sekretär fragen, ob dies wirklich hier eine feste Regel sei. Interessanterweise war die Antwort in fünfzig Prozent der Fälle nein. Die alten Ziegen denken wohl, der Ashram gehöre ihnen, und erfinden jeden Tag neue Regeln. Wahrscheinlich waren sie früher mal Lehrerinnen und leiden nun unter Belehrungsentzug. Und wenn es nichts zu korrigieren gibt, dann denken sie sich eben neue Regeln aus, die es gar nicht gibt.

Bisher habe ich mich meinerseits damit gerächt, indem ich ihre Gesichter studiert habe, wenn der Guru zotige Witze reißt. Das ist zu köstlich. Jeden normalen Menschen würden sie für solche Kommentare sicherlich gleich wieder entsetzt zurechtweisen, daß man solche Worte in einem Ashram nicht in den Mund zu nehmen habe, aber nun ist es der Guru selbst. Jedes Mal, wenn er einen solchen Witz von sich gibt, gefriert ihnen das selige Anhimmelungslächeln auf dem Gesicht, und sie verziehen den Mund zu einer verkrampften Grimasse. Das sind Sternminuten höchster Genugtuung für mich.

Aber nun habe ich eine neue Strategie, ich werde ihnen ins Gesicht sagen, daß ich mich erkundigt habe und weiß, welche der Regeln sie einfach nur erfinden. Ich warte nur noch auf die richtige Gelegenheit, dann werde ich ihnen mitteilen, daß ich Belehrungen nur noch vom Personal hier entgegennehme und nicht von anderen Gelegenheitsgästen wie ihnen, die sich ihre eigenen Regeln ausdenken. Hah!

Leider saßen sie vorhin nur in stiller Andacht da und sprachen kein Wort. Da ich so geladen war, hat mich das richtig gestört. Ich sann über kompromittierende Fragen nach, die ich ihrem Superguru stellen könnte. Erstens wären die alten Weiber sicherlich schockiert, und zweitens wäre es sowieso interessant zu sehen, wie Saraji sich herausredet.

Also meldete ich mich und sagte, ich hätte in einem Buch über ihn gelesen, Kritik an seinen Worten wäre Sünde und man solle alles ihm überlassen. Was wäre denn, wenn ich bisher Gott beim Gebet in einer katholischen Kirche gesucht hätte (kann mir schließlich keiner nachweisen, daß mir nichts ferner liegt) und von diesem teilweise andere Antworten erhalten hätte als von ihm? Wie könnte ich mir sicher sein, daß er der richtige Gott ist?

So, jetzt hatten sie alle ihr Fett weg. Ich war gespannt auf die Antwort und im Moment viel zu erregt, um die Gesichter der alten Ziegen zu studieren, ich sah nur Saraji an.

„Es ist völlig egal, ob du einen verkörperten Gott wie mich verehrst oder den formlosen Gott. Das Resultat ist im Endergebnis immer dasselbe", antwortete er ganz gelassen.

Er fuhr dann fort, daß man keinen falschen Gott anbeten könne, denn selbst wenn ich den größten Betrüger unter der Sonne verehren würde, aber mit dem ehrlichen Wunsch im Herzen, Gott zu erreichen und durch seine Hilfe meine Charaktereigenschaften zu verbessern, dann würde Gott dieses Gebet erhören, weil er überall ist und alles hört.

Wenn ich bei ihm, bei Gott direkt, sitzen würde, dann könne er mir schneller und stärker Schutz gewähren, aber mit ein bißchen Verzögerung würde sich Gott den Weg zu mir auch durch den größten Scharlatan der Welt bahnen, wenn nur der Wunsch in meinem Herzen ehrlich genug wäre. „Gott verpaßt seine Devotees nie", beendete er seine Rede.

Aus dem Augenwinkel heraus konnte ich die beiden Schwestern selig nicken und sich in Gebetshaltung vor ihm verbeugen sehen. Sie waren wieder einmal höchst gerührt über seine Worte.

Ich war nicht ganz zufrieden. „Ok, das verstehe ich, danke", sagte ich laut. „Aber wie kommt es, daß wir so wenig von Sarajis Lehre zu hören bekommen? Immer nur Witze finde ich auf Dauer wenig spirituell", fügte ich trotzig an.

„Die Lehre kannst du jederzeit in den Büchern nachlesen, sie ist sehr schlicht und immer dieselbe." Was ich tun solle, wenn ich bei ihm sei, wäre, mich zu entspannen, mein Herz zu öffnen und gute Eigenschaften zu entwickeln.

Bisher hätten die Menschen zuviel Angst vor Gott gehabt (die, die Mitglieder bei irgendwelchen Religionen sind, das mag sein), aber Gott wäre zum Vertrauen und nicht zum Fürchten da. Er wolle den Menschen ihre Angst vor Gott nehmen. Sie sollten mit ihm lachen und ihn zu ihrem Freund machen. Danach könnten die Lehren überhaupt erst richtig verstanden werden.

Ich gab es auf. Um eine Antwort ist der Junge nie verlegen, er macht den Job schließlich schon lange genug.

Schweigsam lehnte ich mich zurück, während mir die sturen Schwestern einen strengen Blick mit spitz zusammengezogenem Mund zuwarfen.

Nicht viel später stand der Guru auf – und wie üblich sprangen die Devotees ebenfalls sofort auf ihre Füße. Er sagte, er wolle hineingehen und wieder etwas singen. Wie langweilig! Am besten ich verirre mich unterwegs und verlaufe mich statt dessen in mein Bett, dachte ich.

Auf einmal stieg mir wieder der süßlich puderige Geruch in die Nase, ich schaute hoch und sah Saraji vor mir stehen. Er nahm meine Hände und sagte: „Sei nicht traurig. Sei glücklich und geh glücklich zu Gott. Ich spreche nicht nur mit Witzen zu dir, auch wenn du das meinst. Achte auf meine Worte in deinem Herzen. Sie sagen die Wahrheit."

Ich muß wirklich in einer sehr schlechten inneren Verfassung gewesen sein, denn mir kamen in dem Moment fast die Tränen. Wahrscheinlich hat der süßliche Duft mich regelrecht betäubt, und der Ausdruck seiner Augen war von einer solchen Wärme und Zuneigung, daß es einfach zu viel für mich war. Skeptisch hat er diesmal in jedem Fall nicht geschaut.

Ich habe das schon öfter an Menschen aus anderen Kulturkreisen bemerkt, daß sie einen viel ausdrucksstärker und beseelter ansehen können, als es in Deutschland noch irgendwer könnte. Saraji kann es offenbar besonders gut, und mit meiner langjährigen inneren Wüste hat er damit gerade den richtigen getroffen.

Jedenfalls ging ich nun endgültig in unser Zimmer, um nicht von irgendwem beim Heulen erwischt zu werden. Es war ja auch zu lächerlich. Am ersten Tag habe ich mich selbst über die Leute lustig gemacht, die sich durch einen schmachtenden Blick in seine Sekte ziehen lassen, und nun reicht einer dieser Schmachtblicke aus, und ich sitze selbst heulend auf dem Zimmer. Und Elli ist immer noch nicht wieder aufgetaucht. Wohin in aller Welt ist sie eigentlich verschwunden?

♟ ♟ ♟

Als ich aus dem Garten zurückkam, gingen gerade die letzten Leute hinein zu Saraji, da er wieder ein Singen veranstaltete. Ich ging schnell noch mit hinein und hielt Ausschau nach Ralf. Er war jedoch nicht da – seltsam. Vielleicht suchte er mich. Nun war es aber zu spät, ihn auch suchen zu gehen, denn wenn Saraji zum Singen einlädt, ist es respektlos, einfach wieder wegzulaufen.

Zuerst sangen die Devotees in Gruppen Lieder aus ihren Herkunftsländern. Leider konnte ich bei den deutschen Liedern nicht mitsingen, da die meisten anwesenden deutschen Anhänger deutlich älter sind als ich und nur Lieder kennen, die wiederum ich nicht kenne. Also ließ ich sie alleine singen.

Als nach dem letzten Lied eine schweigsame Pause entstand und Saraji anfing, in seinem Liederbuch zu blättern, fragte ich ihn mitten in die Stille hinein, ob ich mir ein Lied wünschen dürfe, das er vor zwei Tagen schon mal gesungen hatte.

Ich war mir nicht sicher, ob eine solche Frage nicht vielleicht respektlos ist und ob er, da er doch ein Gott ist, nicht von alleine die besten Lieder aussucht und ich diese in Vertrauen zu genießen habe. Zu meiner Überraschung schien er sich aber über die Anfrage und das Interesse sogar sehr zu freuen, denn er warf mir einen Handkuss zu und rief: „Ich liebe dich – dich und deinen Mann."

Von gegenüber warfen die beiden kritischen Schwestern mir allerdings einen mißbilligenden Blick zu. Sie fanden offenbar nicht, daß mir diese Wunschäußerung zustehe.

Saraji sang das Lied besonders schön und zwinkerte mir dabei immer wieder zu. Vielleicht ist er gar nicht so streng, wie die Regeln im Ashram es vermuten lassen. Oder er ist viel weniger streng als seine Anhänger.

Die Frage stellte ich mir an diesem Abend noch öfter. Saraji sang nämlich weit bis nach Mitternacht, die meisten Anwesenden waren schon sehr müde, und man sah ihnen an, daß sie gerne ins Bett gegangen wären. Es war aber klar, daß das respektlos gewesen wäre. Die Inder, die da waren, sahen es zwar auch so, daß Saraji den Abend beenden müsse, aber sie setzten – im Gegensatz zu den deutschen Devotees – viel deutlichere Signale, daß sie gehen wollten.

Einer öffnete die Tür, an der er saß, streckte seine Füße in den dahinterliegenden Raum und legte sich schlafen. Eigentlich hätte er mittrommeln sollen mit einem zweiten Trommler, der ebenfalls den Rhythmus zu Sarajis Liedern schlug. Aber er stellte das Trommeln ein und legte sich einfach hin.

Auch der zweite Trommler fing irgendwann an, nach und nach seine Trommeln einzupacken, während Saraji noch fröhlich weitersang. Der Ehemann der Sängerin, die mit ihm sang, packte bereits die meisten Gesangbücher zusammen und steckte sie in den Schrank.

Als alles nichts half, gab einer Schnarchgeräusche als einen weiteren Wink mit dem Zaunpfahl von sich. Schließlich stellte die Sängerin das Singen ein, und Saraji sagte zwar, daß wir nun ins Bett gehen würden, aber er blieb trotzdem sitzen und erzählte noch mit den Indern.

Diese wollten aber nun wirklich ins Bett, denn anders als alle anderen Devotees, speziell die deutschen, die sich immer genau an die Regeln halten, daß niemand höher stehen oder sitzen dürfe als Saraji, standen nun alle Inder einfach auf. Sie signalisierten nun unmißverständlich: Heh, hallo, wir wollen ins Bett.

Saraji schien aufzugeben, denn endlich stand auch er auf. Und brav zeitgleich mit ihm erhoben sich alle restlichen Devotees ebenfalls.

Mir gab das zu denken. Bisher war mir der Respekt vor Saraji und die genaue Einhaltung der Regeln immer sehr wichtig gewesen. Aber nun fragte ich mich, ob ich nicht manchmal zu starr einfach nur Regeln einhalte und dadurch alle Lebendigkeit verliere. Fast hätte ich mich nicht getraut, nach meinem Lieblingslied zu fragen, weil ich es für einen Regelbruch hielt, aber das wäre sehr schade gewesen. Und die Inder, deren Regeln es hier eigentlich sind, die wir so strikt befolgen, nehmen es offenbar mitunter viel lockerer als wir.

Vielleicht hat Ralf recht, daß wir deutschen Devotees mit unserer Anhimmelei und der verknöcherten Strenge manchmal etwas übertreiben.

Ich schlief sofort ein, nachdem ich meine Augen wieder etwas getrocknet hatte. Prompt erschien Saraji mir in meinem Traum. Mein schlechtes Gewissen (soweit habe ich mich schon von den albernen Regeln im Ashram anstecken lassen), weil ich das Singen schwänzte, ließ mich selbst im Traum gleich vermuten, daß er mich fragen würde, warum ich nicht mit unten beim Singen säße.

Aber statt dessen sagte er mir etwas über das Essen. Er saß im Traum in meinem Herzen und sagte, wenn ich essen würde, sollte ich mit meiner ganzen Konzentration beim Essen sein und an nichts anderes denken. Dadurch würde ich gute Geister zum Essen mit einladen und es wäre besser bekömmlich. Beim Sex solle ich es genauso machen. Ich solle mich ganz auf den Sex und auf meine Partnerin konzentrieren und an nichts anderes denken. Ferner solle ich nur positive liebevolle Gedanken zulassen und Gott dabei um Hilfe bitten. Wenn ich dies täte, wäre auch der Sex von guten Geistern begleitet und würde viel intensiver sein.

Dann verschwand das Bild, und ich wurde gegen 2 Uhr morgens wach. Elli war zu meiner Verwunderung immer noch nicht da.

Ich stand auf, ging kurz ins Bad und besorgte mir etwas zu trinken. Als ich ins Zimmer zurückkehrte, kam auch Elli gerade. Sie erzählte mir von Sarajis ellenlangem Singen und davon, daß die Inder sich viel lockerer verhalten hätten als die Deutschen und alle anderen. Erstmalig machte sie sich Gedanken, ob Saraji wirklich so viel Wert auf die strikte Einhaltung der Regeln legte, wie sie bisher immer gedacht hatte.

Ich war so erfreut über diese Entwicklung hin zu etwas mehr selbständigem Denken, wie ich fand, daß ich sie spontan in den Arm nahm. Dabei fiel mir mein Traum mit den guten Geistern ein.

Ich begann, sie sanft zu streicheln. Sie schaute mich an, und auf einmal sah ich in ihren Augen wieder das ganze Universum, so wie damals am See. Die Nacht wurde dann noch sehr schön, und wir schwänzten die Morgenmeditation.

Als wir zum Mittagessen endlich aufstanden, diskutierten wir kichernd, welche Strafpredigt wir wohl für unser Fehlen gleich zu hören bekommen würden.

Es ist unglaublich, wie nah beieinander Freude und Leid im Ashram liegen können. Gestern nachmittag war ich völlig durcheinander und schwelgte in Selbstzweifeln und Selbstmitleid. Abends hatte ich das erstaunliche Erlebnis, daß die Regeln im Ashram vielleicht gar nicht so strikt zu sehen sind, wie ich das bisher getan habe, und als ich um 2 Uhr früh endlich auf meinem Zimmer war, hatte ich die intensivsten Nähegefühle mit Ralf, die ich bisher je gehabt habe. Wenn ich bedenke, wie schlecht es mir noch ein paar Stunden zuvor ergangen war, dann ist es wirklich unglaublich, wie sehr ich mich jetzt im Himmel fühle.

Als ich selig vor mich hingrinsend zum Geschirrspülen lief, traf ich prompt wieder auf Saraji. Es ist erstaunlich, wie oft ich ihm zur Zeit zufällig irgendwo in den Gängen begegne.

Er strich mir über den Arm und sagte: „Mach' dir keine Sorgen über deinen Mann. Gott hat die Sache im Griff. Ralf verdient genau dich. Kümmere du dich um das Entwickeln deiner guten Eigenschaften, denke nur Gutes von deinem Partner und behandle ihn stets respektvoll. Den Rest übernimmt Gott."

Das erinnerte mich an ein Beispiel, das ein Devotee von einem anderen Guru mir mal erzählt hatte. Dieser Devotee hatte abends im Halbdunkel versucht, mit Steinchen in eine Dose zu treffen. Wie sehr er sich auch anstrengte, er warf immer daneben. Der Guru saß in etwa derselben Entfernung von der Dose und begann, ebenfalls Steinchen in die Dose zu werfen. Er traf mit jedem einzelnen Wurf. Als der Devotee irgendwann verzweifelt zu ihm aufsah, weil ihm noch kein einziger Wurf gelungen war, sagte der Guru: „Diese Situation ist wie im richtigen Leben. Wenn nur der Mensch sich wirklich bemüht, dann erledigt Gott den Rest."

Der Tag war traumhaft schön. Auf einmal erschien mir der ganze Ashram wie ein wunderschöner, verzauberter Ort.

Nach dem Essen setzte ich mich zu Udo und fragte ihn, eigentlich nur zum Spaß, ob er nun denke, daß unser Guru ein Gott oder doch nur ein ganz gewöhnlicher Mensch wäre.

Udo hatte am Tag zuvor Verwunderung über die Beobachtung geäußert, daß der Guru Kritik nicht besonders gut zu vertragen schien. Er reagierte wie ein beleidigtes Kind. Und wie zu erwarten, stürzten sich alle Devotees auf den Kritisierer. Wie er nur so etwas wagen könne, Kritik an Saraji zu äußern!

Mich interessierte in meiner momentanen Stimmung gar keine ernsthafte Antwort, aber Udo gab mir trotzdem eine. Er konnte ja auch nicht wissen, auf welcher Wolke ich schwebte.

„Ich denke", sagte Udo, „daß es manchmal schwierig ist, sich selbst nicht mit der Energie zu verwechseln, die durch einen fließt. Saraji hat recht, daß seine Gegenwart eine besondere Energie verbreitet und daß er, wenn du so willst, göttlich inspiriert ist. Aber er ist auch ein Mensch und ist Kritik nicht gewohnt. Alles, was der Mensch nicht benutzt, das verkümmert. Vielleicht ist bei ihm die Kritikfähigkeit verkümmert.

Aber ist das so schlimm? Bei einem Menschen, der derart an die Energie der Quelle angeschlossen ist und dessen Grundabsicht durch und durch gut ist, führen selbst fehlbare Kommentare oft zu unfehlbaren Ergebnissen. Das ist eines der Wunder Gottes. Mit einer guten Absicht und einer starken Verbindung zu Gott wird es dir nur schwer gelingen, überhaupt etwas Negatives zu bewirken. Auf magische Weise führt alles zu einem positiven Resultat."

In ungewohnter Großzügigkeit Saraji gegenüber kam mir eine Idee, und ich fügte hinzu: „Vielleicht liegt darin eine Weisheit der indischen Tradition. ‚Werdet wie die Kinder', heißt es doch sogar in der Bibel, wenn ich mich bei meinen mangelnden Kenntnissen da richtig erinnere. Möglicherweise kommen ja Sarajis Heilkräfte daher, daß er viel mehr wie ein Kind ist als die meisten anderen Menschen. Und die Devotees spüren unbewußt, daß sie diese Kindlichkeit in ihm erhalten müssen, wenn sie die Energie reinhalten wollen. Vielleicht behandeln sie ihn deswegen ständig wie ein Kind, das jeden Tag Geburtstag hat. Dadurch benimmt er sich auch jeden Tag wie ein Kind, das Geburtstag hat, und seine Energie bleibt rein oder irgendwie so. Ich kann mir nicht vorstellen, daß man sich seine kindlich reine Energie und Heilkräfte erhalten kann, wenn man wie ein durchschnittlich gestreßter Erwachsener lebt", schloß ich meinen plötzlich aufgetauchten Gedankengang.

Udo starrte mich ganz überrascht an und sagte dann, ich würde ja völlig neue Charakterzüge entwickeln. Als Philosoph hätte er mich bisher noch nicht kennengelernt. Nach einer Weile fragte er: „Hast du noch irgendwelche Veränderungen an dir festgestellt, seit du hier bist?"

Ich fand die Frage zunächst eher amüsant, dachte dann aber doch ernsthaft darüber nach. Wenn ich es mir genau überlege, dann kann man vielleicht sagen, daß ich toleranter und offener geworden bin. Außerdem wird mir der Satz, „Wer den Himmel nicht wertschätzen kann, befindet sich auf der Fahrt in die Hölle", vermutlich nie wieder aus dem Sinn gehen. Er hat den starken Wunsch in mir ausgelöst, bei meiner Rückkehr dankbarer für alles zu sein – und weniger dekadent. Ich dachte noch eine Weile nach und kam zu dem Schluß, daß ich irgendwie auch mich selbst mehr wertschätzte als zuvor.

Irgend etwas in Sarajis Ausdruck gestern hatte Saiten in mir entspannt, von denen ich vorher gar nicht gewußt hatte, daß sie überhaupt angespannt waren. Und er hatte mich so überzeugend angesehen, als wäre ich wirklich ein liebenswerter Mensch, daß ich anfing, es zu glauben.

Udo saß mit über dem Bauch gefalteten Händen da und schüttelte ungläubig den Kopf: „Dies ist ein denkwürdiger Tag. Da komme ich hierher, um dich im Kampf gegen einen unglaubwürdigen Guru zu unterstützen, und was muß ich sehen – du bist auf dem besten Wege, ihm selbst zu verfallen."

„Das kannst du für alle Zeiten vergessen", sagte ich ernsthaft. „Allenfalls befinde ich mich auf der Kippe dazu, ihn zu akzeptieren und für einen wirklich wertvollen Menschen zu halten. Aber selbst, wenn ich Teile seiner Lehre in meine neue Lebensphilosophie miteinbauen sollte, dann wird es doch immer meine ganz individuelle Philosophie bleiben. Mich als Devotee eines Gurus, das mein Freund, wirst du nie erleben."

„Du bist eben eher der Typ, der Freundschaft mit Gott schließt, als ihn zu verehren und auf ein Podest zu stellen", nickte Udo. „Ich glaube, damit wird Elli leben können."

Ich lachte verlegen. Freundschaft mit Gott. Was redete er da. Es ging mir hier um humanitär sinnvolle Werte, aber nicht darum, Freundschaft mit einem Phantom zu schließen.

Udo schien sich daran zu erinnern, daß ich nicht an Gott glaube, denn er fügte hinzu: „Man muß es ja nicht Gott nennen. Ich meine die Schöpferkraft allgemein oder die Kraft, die über der Materie steht."

„Es gibt keine Kraft, die über der Materie steht", sagte ich. „Wenn ich euren Spinni-Guru sympathisch finde, so heißt das noch lange nicht, daß ich ihm Materialisationskräfte abnehme." „Um ein glückliches Leben zu führen, ist das auch nicht wichtig", wandte Udo ein. „Es kann nur sinnvoll sein, wenn man in manchen Situationen des Lebens nicht auf seine eigenen Möglichkeiten beschränkt ist, sondern stärkere Kräfte um Hilfe bitten kann."

„Der Glaube versetzt Berge", dachte ich und schwieg. Mit einem leicht schlechten Gewissen gedachte ich zwar des Traums von gestern, aber der war einfach durch meine rührselige Stimmung ausgelöst worden. Ich bin ja wirklich bereit, positive Impulse anzunehmen, wo sie wirklich real sind, aber zu einem weltfremden Spinner, der jede Eigeninitiative einstellt, werde ICH sicher nicht werden. Ich finde, hier kommen wir an eine Wegkreuzung, an der viele der hier herumhängenden Schlaftabletten ruhig auch mal einen guten Rat von mir annehmen könnten.

🧘 🧘 🧘

Ein Devotee, der schon jahrelang herkommt, hat uns von seinen ersten Jahren hier erzählt. Er sagte, am Anfang habe er nicht verstanden, daß all seine Gedanken sich im Ashram verstärken. Wenn Saraji ihn bei einem Treffen mit den Devotees nicht angesehen hat, dann war er gleich beleidigt. Aber durch das Beleidigtsein und die Angst, nicht mehr beachtet zu werden, wurde er erst recht nicht mehr beachtet.

Saraji hat ihn keines Blickes mehr gewürdigt, aber er hat häufig gelehrt, daß Gedanken sich im Ashram verstärken und daß man ohne Erwartungen glücklich sein soll. Dieser Devotee berichtete, an dieser Aufgabe habe er sehr lange geknabbert. Aber irgendwann habe er es verstanden und begonnen, glücklich zu sein, einfach weil er im Ashram war, weil Saraji in der Nähe war und weil er darauf vertraute, daß sowieso alles gut werden würde. Seit dem Tag, sagte er, habe er nie wieder das Gefühl gehabt, daß Saraji ihn schneide. Ralf war dabei, als der Devotee davon berichtete, und er fand es sehr weise von Saraji. Das finde ich auch.

Heute abend saßen etwa zwanzig Devotees noch spät zusammen, und auch zwei indische Familien waren dabei. Ein Ehepaar hatte zwei seiner Töchter mitgebracht, 18 und 20 Jahre alt. Zuerst war alles wie immer. Dann jedoch sagte Saraji, morgen würden sechs

Japaner abreisen, und wir sollten uns der Reihe nach mit einer Umarmung von ihnen verabschieden.

Zuerst lachten alle nur verlegen, weil keiner ihn ernst nahm, da jeder wußte, wie befremdlich unsere deutschen Verabschiedungen mit Umarmen und Küsschen für die Japaner sind. Noch dazu befanden wir uns hier mitten in Indien. Auch für die Inder sind solche Verabschiedungen undenkbar.

Die Japaner verbeugten sich auf Sarajis Vorschlag hin und sagten, „thank you". Da sie sehr schlecht englisch sprechen, ist das bei ihnen meist ein Zeichen, daß sie nichts verstanden haben. Die „thank yous" an unpassender Stelle haben schon zu vielen Lacherfolgen geführt.

Diesmal gab Saraji aber keine Ruhe. Schließlich schickte er einen Devotee vor, der schon lange zu ihm kommt. Er sollte zur ersten Japanerin gehen und sich mit einer Umarmung von ihr verabschieden.

Der arme Devotee, der vorgeschickt wurde, war sehr verlegen und versuchte auf englisch zu erklären, was Saraji von ihm verlangt hatte. Die Damen, an die er sich gewandt hatte, verstanden ihn aber wie üblich nicht.

Da stand eine sehr resolute bayerische Devotee auf, umfaßte den anderen Devotee von hinten, nahm im Überraschungsangriff seine Hände und legte sie einfach um die erste Japanerin. Diese war völlig überrascht und verschreckt, und alle anderen Japaner hielten quiekend die Hände vor den Mund. Auch die Inder rissen die Augen auf.

Ich fragte die beiden indischen jungen Mädchen hinter mir, ob sie verstanden hätten, was da gerade passiert sei, und als sie verneinten, erklärte ich es ihnen. Sie waren sogleich voller Mitleid mit den armen Japanerinnen und auch mit dem Devotee, dem die Sache ja sicherlich sehr unangenehm sein müsse.

Nachdem nun aber jedenfalls die erste Hürde, sprich die erste Umarmung, überwunden war, ließ Saraji keine Ruhe, und der Devotee mußte alle sechs Japaner und Japanerinnen umarmen. Die Art, wie sie sich verschreckt zierten und überhaupt nicht wußten, wie sie reagieren sollten, löste Heiterkeitssalven bei allen anderen aus.

Als nächste machte die resolute Devotee ihre Runde und drückte und küßte alle Japaner ordentlich ab. Die Inder schüttelten fassungslos kichernd den Kopf, auf diese Art, wie sie das immer machten. Es sah aus, als würde ihnen der Kopf gleich vom Hals fallen, weil sie ihn so hin- und herschlingernd in Form einer liegenden Acht bewegten. Alle Japaner, die gerade nicht geküßt wurden, lachten und kicherten ausgiebig, und der Rest der Anwesenden bejohlte jede Umarmung mit lautem Applaus.

Noch glaubten wir anderen, dies wäre das Ende der Show. Aber Saraji saß ganz gelassen da und schickte einen nach dem anderen zur Verabschiedungsrunde zu den Japanern. Auch viele von den deutschen Devotees waren verlegen, weil sie die Verlegenheit der Japaner sahen. Wenn dann beide verlegen und sich ständig verbeugend und quasi entschuldigend voreinander saßen, sah das allerdings auch wieder so komisch aus, daß alle anderen schallend lachen mußten.

Ein etwas schüchterner älterer Herr wollte sich zuerst drücken. Als die anderen aber nicht locker ließen, nahm er Anlauf und rannte mit Schwung auf die erste Japanerin zu, die sogleich einen spitzen Schrekkensschrei ausstieß, was den Rest der Runde wieder veranlaßte, sich vor Lachen zu biegen.

Schließlich waren alle durch bis auf die Inder, die noch glaubten, daß der Kelch wenigstens an ihnen vorübergehen würde, da dererlei Verabschiedungen in ihrer Tradition vollkommen unüblich sind. Aber auch sie hatten sich geirrt. Saraji redete so lange auf den ersten Mann ein, bis er schließlich aufstand und sich auf die Umarmungsrunde begab. Er nahm sich allerdings zuerst die Männer vor, weil er sich vor den Frauen fürchtete. Neuerliche Lachsalven waren die Folge. Eine deutsche Devotee rief: „Ich reise übrigens auch morgen ab." Ihr gefiel der Inder wohl, und alles brüllte erneut vor Lachen über sein entsetztes Abwinken.

Bei den Japanerinnen hielt er aber brav durch. Dann schickte Saraji die jungen indischen Mädchen an die Front. Sie waren auch sehr verlegen, umarmten aber gehorsam alle japanischen Frauen. Bei den Männern beugte sich die eine aus größtmöglicher Entfernung vor und reichte ihnen die Fingerspitzen (alle anderen drum herum gackerten laut wie zuvor), und die andere rannte nur kurz winkend an ihnen vorbei, was das Publikum erneut erheiterte.

Auch die Mutter der Mädchen konnte überredet werden. Übrig blieben drei weitere Inder, die die Umarmungsrunde partout bestreikten. Saraji sann auf Abhilfe. Schließlich drehte er sich, erfreut über seine gute Idee, zu seiner resoluten Devotee um, tippte sie an und sagte zu ihr, auf einen der schüchternen Inder zeigend: „Er reist auch morgen ab..."

Sie verstand sofort und stand auf, um sich mit einer Umarmung zu verabschieden. Ralf und ich lagen uns regelrecht in den Armen vor Lachen. Der arme Inder war total entsetzt, aber diese Devotee kannte keine Gnade. Es wurde umarmt, da gab es kein Entkommen.

Die Japaner hielten sich Tücher vor Mund und Augen und trauten sich kaum hinzusehen. Eine war schon ganz in Tränen aufgelöst. Saraji wollte von ihr wissen, warum sie weine. Sie sagte, sie sei so gerührt, daß alle so lieb zu ihnen seien. Es wäre wie eine große Familie. Und dann schluchzte sie weiter.

Ich war sehr überrascht. Obwohl sie sich so geziert hatte, hatte sie es offenbar doch genossen. Der Abschiedsabend schien regelrecht therapeutische Auswirkungen zu haben. Eine andere Devotee, die neben mir saß, berichtete, manche von den Japanern hätten bei ihrem ersten Besuch – sie waren auch schon mehrmals da – noch keine Miene verzogen. Sie hätten sich bewegt wie aufgezogene Puppen. Inzwischen würde man immer öfter schüchterne menschliche Regungen über ihre Gesichter huschen sehen. Und offenbar gefällt es ihnen sehr gut, denn sie kommen regelmäßig und spenden äußerst großzügig für Sarajis Hilfswerke.

Abschließend sagte Saraji, wir sollten uns genau umsehen, in die Gesichter aller Anwesenden schauen. Gemeinsam zu lachen, fröhlich zu sein und Grenzen zu überwinden würde alle Menschen und Nationen einander näherbringen.

Wie recht er hatte! Ich hatte mich noch nie so viel mit den Indern unterhalten wie heute abend. Wir hatten uns gemeinsam über die armen Japaner ausgetauscht und gerätselt, wie weit Saraji gehen würde. Wir hatten uns auch gegenseitig Mut zugesprochen, falls wir auch noch in die peinliche Situation geraten sollten, und uns hinterher gratuliert, wie gut wir es gemacht hätten.

Bisher hatten wir uns wegen sprachlicher Probleme und weil keiner sich mit den Umgangsformen des anderen so gut auskannte, kaum unterhalten. Aber durch den Abend waren wir uns doch sehr viel nähergekommen.

Mir huschte kurz der Gedanke durch den Kopf, wie glücklich man über solche überwundenen Grenzen doch sein kann und daß ich dieses Glücksgefühl aber nie hätte haben können, wäre die Grenze nicht von vornherein dagewesen. Da wir uns jedoch bisher so fremd gewesen waren, erschien die plötzliche Freundschaft uns allen wie ein großes Geschenk, und wir strahlten uns alle gegenseitig sehr froh an. Vielleicht denken wir Menschen uns überhaupt die meisten Grenzen und Hürden selbst aus, weil es uns so tief bewegt, wenn es uns dann gelingt, sie zu überwinden.

Ralf kam irgendwann auf die Idee, die beiden Mädchen zu fragen, ob es so etwas wie ein Internet-Café in der Stadt gebe. Ich war sehr überrascht, als die beiden Mädchen antworteten, daß es „natürlich" ganz viele gebe. Ralf und ich sahen uns erstaunt an. Wir hatten zwar gehört, daß es in Indien viele Computerexperten gäbe, aber daß so ein armes Land gleich mehrere Internet-Cafés haben sollte überraschte uns doch.

Die Mädchen sagten, eines wäre ganz in der Nähe und sie könnten uns morgen hinführen. Ralf war entzückt und sagte sofort zu. Ich fragte die Mädchen, wie weit verbreitet das Internet denn in Indien wäre. Sie sagten, jeder, der nicht zu den ganz Armen gehöre, hätte einen Computer zu Hause, und schon die ganz kleinen Kinder könnten damit umgehen.

Als wir ihnen sagten, daß in Deutschland immer noch sehr viele Menschen Berührungsängste mit dem Computer hätten und vom Internet gar nichts wissen wollten, brachen sie in ungläubiges Kichern aus.

Ralf und ich sind jedenfalls beide sehr gespannt auf das indische Internet-Café, in das wir morgen gehen werden.

Gestern war mal wieder einiges los. Zuerst habe ich mich mit Udo und zwei Devotees über das Thema „Karma" unterhalten. Anlaß war ein großes Erdbeben in Indien, bei dem viele Menschen ums Leben gekommen sind und zu dem gerade Hilfstrupps aus aller Welt anreisen. Wir sind zum Glück weit genug vom Unglücksort entfernt, um nichts von dem Beben gespürt zu haben.

Der Guru war ganz aus dem Häuschen und kurbelte in sein kleines Radio, das sich als Weltempfänger entpuppte, nacheinander die indischen, englischen, deutschen und japanischen Nachrichten rein, damit wir auch alle informiert waren und an die armen betroffenen Menschen denken konnten.

Für einige Devotees war dies ein Anlaß zu fragen,

warum Gott so etwas zulasse. „Gruppenkarma" war die knappe Antwort, und sie löste weitere Diskussionen unter den Devotees aus. Einige berichteten von ihrem körperlichen, geistigen und psychischen Karma, gegen das man halt nichts machen könne und das man einfach akzeptieren müsse.

Ich wagte einen schwachen Protest, daß genau dieses „da kann man nichts machen, das ist Karma" dazu führen würde, daß gegenseitige Hilfe und Verbesserungen auf der Welt so schleppend vorangingen. Wenn mehr Menschen sich persönlich für die Vorgänge auf der Welt verantwortlich fühlen würden, dann sähe es vielerorts schon längst anders aus.

Überraschenderweise gaben mir sogar einige der Dauerdevotees recht. Eine meinte jedoch mit beleidigter Stimme, Saraji habe gesagt, daß die wahre Hingabe zu Gott darin bestünde, niemals nach dem Warum zu fragen.

Ich sah Elli an und wollte wissen, was sie von solchen Aussagen hielt. Sie zuckte nur ratlos mit den Schultern, sah aber nicht sehr glücklich aus.

Udo erwies sich als der beste Kenner des Themas. Er sagte, das Thema Hingabe und Selbstverantwortung spiele sowohl in den westlichen wie auch in den östlichen spirituellen Lehren eine Rolle. Die beiden Richtungen würden in den beiden Punkten nur unterschiedlich gewichten. Ich könnte auch in Sarajis Büchern Hinweise darauf finden, daß ein unerschütterlicher Glaube an etwas oder eine ständige Wiederholung des Gewünschten ohne Zweifel und ganz im Vertrauen wie ein Mantra wirken und die Dinge dadurch geschehen würden. Auch sage er, daß alles Karma selbstverursacht sei und daß man sein negatives Karma durch positives Karma abbauen könne. Dennoch lege der Osten nach wie vor ein starkes Gewicht auf die Hingabe und auf das Akzeptieren des Gottgewollten.

Nach Udos Meinung liegt das an der Grundsituation in Ländern wie Indien, in denen oft die Hälfte der Bevölkerung unter dem Existenzminimum lebt. Wer mit dem täglichen Existenzkampf beschäftigt ist, hat keine Zeit für spirituelle Finessen, da geht es vorwiegend darum, trotz aller Katastrophen seine guten Eigenschaften zu entwickeln und zu bewahren und trotz aller äußeren Umständen glücklich zu sein. Dementsprechend habe sich der Fokus der Religionen ebenfalls in diese Richtung entwickelt. In westlichen spirituellen Traditionen sei es anders. Ich war froh, daß Udo das alles erklärte, so konnte ich immer gescheit mit dem Kopf nicken, als wäre mir das sowieso alles klar.

Der Westen hat den Fokus heutzutage auf der Selbstverantwortung und darauf, daß der Mensch eine Art Co-Schöpfer ist. Nicht die Hingabe ist das wichtigste, sondern das Nutzen der eigenen Gedanken. So wie manche Devotees erzählen, daß ihre Gedanken sich im Ashram besonders schnell verwirklichen oder verstärken, so gehen die meisten westlichen spirituellen Lehren davon aus, daß der Mensch seine Lebensumstände selbst erschafft. Seine Aufgabe besteht daher nicht darin, alles Gott zu überlassen, sondern selbst klare Entscheidungen für sein Leben zu treffen. Die Hingabe kommt erst danach wieder ins Spiel, wenn es darum geht, wie man an das Gewünschte oder Visualisierte kommt. Den Weg dorthin legt man in Gottes Hände, der wesentlich kreativer im Finden von Lösungen ist als das beschränkte menschliche Gehirn.

Der Westen geht laut Udo davon aus, daß nicht Gott das Leiden verursacht, sondern der Mensch. Gott hat dem Menschen die Schöpferkraft gegeben, alles Leiden zu verhindern, aber der Mensch entscheidet sich kraft seines freien Willens dazu, diese Kraft nicht oder nur bruchstückhaft zu nutzen. Darin liege der größte Unterschied zum Osten, der den Menschen für weitaus machtloser halte.

Damit hält man die Menschen aber auch leicht in Passivität und Machtlosigkeit, da sie denken, alles sei Gottes und nicht ihre Angelegenheit und sie könnten sowieso nichts tun. „Man kann aber sehr viel tun. Der Trick liegt darin, daß man es mit Gottes Hilfe leichter, schneller und effektiver tun kann", schloß Udo seine Ausführungen.

Wie zu erwarten, hatten nicht alle bis zum Schluß zugehört. Einige waren beleidigt abgezogen und fanden, daß Udo Saraji beleidige. Mir war Udos Variante auf jeden Fall die sympathischere, auch wenn ich von seiner Version genauso wenig überzeugt bin. Ich glaube das, was er mit Gott meint, ist einfach nur eine gesunde Portion Selbstvertrauen und die eigene Intuition.

Ich habe bisher in meinem Leben noch keine Anzeichen von „höherer Kräfteeinwirkung" erkennen können. Als ich Udo das etwas später unter vier Augen sagte, meinte er, ich solle doch Saraji mal um eine Antwort ganz persönlich für mich bitten. Er könne schließlich Wunder bewirken, und wenn ich ernsthaft an der Beantwortung der Frage interessiert wäre, ob es eine Kraft über und außerhalb der Materie gibt, dann könne er mir sicherlich eine Antwort geben.

Mit diesem Ratschlag begab ich mich auf eine kleine Wanderung um den Hof. Um was für eine Art Wunder könnte ich Saraji bitten, das einen ernstzunehmenden Hinweis auf die Existenz irgendeiner überirdischen Macht geben könnte?

Während ich festentschlossen, mich nur mit einem großen Wunder zufrieden zu geben, um den Hof stapfte, roch ich auf einmal die bekannte süßliche Duftwolke hinter mir. Ich drehte blitzartig den Kopf, und richtig, Saraji ging hinter mir her.

„Jetzt habe ich dir schon so viele Wunder geschickt, und du bist immer noch nicht zufrieden", sagte er zu meiner Verblüffung. „Du weißt doch, daß alles sich im Ashram verstärkt. Wenn du dein Vertrauen stärkst, dann kann ich dir auch noch größere Wunder zeigen."

Es war klar, daß ich über diesen Kommentar mal wieder selbst nachdenken sollte, denn wie meistens wandte er sich danach bereits ab und einem anderen Hofwanderer zu, der ihm strahlend entgegenkam.

Ich blieb ein wenig schmollend zurück und dachte nur unwillig darüber nach, was für Wunder er mir angeblich geschickt hatte. Meinte er vielleicht den ersten Interviewtermin, den ich mir in der Nacht vorher gewünscht hatte? Ich erinnere mich, daß ich ein andermal seine Wohnung sehen und ihn singen hören wollte – auch das war noch am selben Abend eingetroffen. Wollte er mir einreden, daß er das meinetwegen so arrangiert hatte?

Ok, auch die Tatsache, daß er gerade eben meine Gedanken gekannt hat, war ein wenig überraschend.

Aber Gedankenübertragungen erlebe ich selbst immer wieder. Wahrscheinlich kann die Wissenschaft das irgendwann erklären. Möglicherweise hat es was mit elektromagnetischen Feldern zu tun, und manche Menschen sind eben sensibler für diese Felder und nehmen daher mehr davon wahr. Das ist alles kein Grund, an höhere Mächte zu glauben.

Ich ging weiter um den Hof und sann über einen neuen Wunsch nach.

🧘 🧘 🧘

Manchmal bewundere ich Ralf wirklich. Er hat so eine starke eigene Philosophie und Spiritualität. Hier im Ashram sprechen viele davon, ihr höchstes Ziel sei es, mit Gott zu verschmelzen und nicht mehr inkarnieren zu müssen. Sie streben die Erlösung durch Gott an.

Ralf hat schon mehrere zynische Kommentare dazu abgegeben, die mich erst ein wenig erschreckt haben, weil ich dachte, ein spiritueller Mensch habe einfach nicht das Recht, einem so hoch stehenden Meister zu widersprechen, denn schließlich lehrt Saraji die Hingabe an Gott, um erlöst zu werden.

Aber nun stelle ich diese Theorie selbst in Frage. Ralf kam vorhin gut gelaunt und pfeifend aus dem Haus und sagte, er würde demnächst einen eigenen Ashram gründen. Oberste Regel bei ihm wäre: Anhimmeln des Gurus verboten. Kritik und eigene Meinungen erwünscht. Glaube nichts, bevor du es nicht selbst überprüft hast.

Ich fand das mal wieder sehr leichtfertig und respektlos gegenüber Saraji. Ralfs zweite Regel hat mich jedoch sehr berührt. Sie lautet: Preise, lobe und genieße die Schöpfungen Gottes.

Ralf sagte, während seiner Erleuchtung, was aber nur als Scherz gemeint war, sei ihm der Gedanke gekommen, daß es eigentlich Blasphemie wäre, nicht mehr inkarnieren zu wollen. Da habe Gott diesen wundervollen und wunderschönen Planeten geschaffen, mit all seinen Naturwundern, verschiedensten Landschaftsformen, Blumen, Tieren und so vielen aufregend unterschiedlichen Menschen. Ein echter Devotee müßte doch herumlaufen und Gott dafür danken, daß er inmitten dieser himmlischen Schöpfung sein und daran teilhaben darf.

Zu sagen, „Ich will erlöst werden von diesem Planeten", ist Ralfs neuer Idee zufolge sogar Blasphemie, weil man damit Gott sagt, daß man seine Schöpfung nicht schön genug findet und lieber weg will.

Ich glaube, ich muß Ralf sehr beeindruckt und mit offenem Mund angesehen haben, denn er sagte, ich könne gerne seine erste Devotee werden, ich müßte allerdings die erste Regel beachten: Anhimmeln verboten. Wir mußten daraufhin alle sehr lachen. Udo und ein sehr toleranter Dauerdevotee waren auch dabei und ebenfalls sehr beeindruckt von Ralfs Theorie.

Für mich stellt sie alles auf den Kopf, denn bisher habe auch ich mein höchstes Glück darin gesehen, die Erde baldmöglichst im erleuchteten Zustand wieder verlassen zu dürfen. Aber es ist wahr, daß ich oft auf der Erde nicht sehr glücklich bin und gar keine so große Wertschätzung für dieses Leben habe, denn sonst würde ich ja nicht so schnell wieder weg wollen.

Ralf machte eine theatralische Geste und gebärdete sich wie ein aufgeblasener Prediger, als er sagte: „Da habt ihr Ewigkeiten um Ewigkeiten gebetet, um endlich inkarnieren und ein Erdenleben erleben zu dürfen. Kaum gewährt euch Gott diese große Bitte, betet und betet ihr wieder, daß ihr doch bitte gleich wieder zurück dürft. Nun, da ihr schon mal hier seid, könntet ihr genauso gut danach streben, ein Paradies auf Erden zu errichten und möglichst vielen Menschen zu zeigen, wie sie ebenfalls ihr persönliches Paradies auf Erden errichten können." Dann schaute er beifallsuchend in die Runde. „Nicht schlecht" und „überdenkenswert", sagten die anderen.

Ich mußte daran denken, was Saraji mir über Ralf gesagt hatte: Daß er sehr viel für seine Angestellten täte und vielen zu einem besseren Leben verhelfen würde. Der Guru hat offenbar schon gesehen, was in ihm steckt. Doch wie paßt Ralfs Theorie mit der Lehre Sarajis zusammen, der doch ein so großer Meister ist?

Seltsamerweise zog Ralf in dem Moment, obwohl ich gar nichts gesagt hatte, das Buch mit Sarajis Lehren aus der Tasche, hielt es mir hin und sagte: „Hier, frag das Orakel."

Ich schlug das Buch irgendwo auf und begann auf der Mitte der Seite laut zu lesen: „Wann immer du in der materiellen Welt fehlgehst, fehlst du unweigerlich auch im Spirituellen und bist dann in beidem erfolglos. Lebe glücklich, mache andere glücklich und erreiche mich glücklich."

Ralf schaute zuerst ein wenig wie eine Kuh, wenn es blitzt, und dann sagte er: „Na bitte, da haben wir es. Saraji stimmt mir zu!"

Udo warf ein: „Naja, das habe ich doch neulich auch schon gesagt. Es ist alles nur eine Frage der Gewichtung. Letztlich stimmen die spirituellen Lehren alle überein. Was es so schwierig macht, ist, daß verschiedene Menschen dieselben Worte so unterschiedlich auslegen und im Leben anwenden. Die einen meditieren nur noch und überlassen passiv alles Gott, die anderen rennen los und arbeiten wie wild in der Materie. Wenn sie dabei Gott vergessen, macht es aber letztlich auch keinen Spaß. Man muß die Dinge verbinden."

Ralf hatte ihm mit etwas verkniffenen Lippen zugehört und sagte: „Wenn du das Wort Gott durch irgend etwas anderes ersetzen könntest, wäre ich sogar einverstanden."

Das verstand nun wieder ich nicht und sah ihn fragend an, aber er wich meinem Blick aus und murmelte etwas von Badezimmer noch putzen müssen und verschwand wieder.

Oh lala, eben habe ich mich fast verraten. Dabei hatte ich so eine einmalige Idee. Mir ist eine Philosophie eingefallen, nach der selbst ein gottgläubiger Mensch Spaß am Leben haben darf und sogar muß. Wer Gottes Schöpfungen nicht gut genug findet und sie nicht nutzt und liebt, begeht die eigentliche Blasphemie, wenn er schnellstmöglich vor Gottes Schöpfung fliehen will. Ein geniales Konzept sozusagen.

Dann hat Udo irgendwas gesagt, was auch nicht so schlecht war, aber ich konnte das Wort „Gott" in seinem Satz nicht vertragen. Wenn irgendwo ein Gott drin vorkommt, dann bedeutet das für mich, ich soll mich einer höheren Macht unterwerfen, die alles besser weiß als ich, und das kommt für mich einfach nicht in Frage.

Ehe ich groß nachgedacht hatte, rutschte mir der Satz raus, daß ich seine Idee gut fände, wenn er das Wort Gott durch etwas anderes ersetzen würde. Elli hat mich daraufhin sehr fragend angesehen, und mir fiel siedendheiß ein, daß ich das besser nicht gesagt hätte. Ich bin schnell abgehauen und habe mich in eine Putzorgie geflüchtet. Wenn sie mich noch mal drauf anspricht, werde ich einfach sagen, daß ich den Begriff „Alleinheit" oder irgend sowas bevorzuge, weil sich daran keine überholten religiösen Vorstellungen knüpfen. Damit müßte ich durchkommen, denke ich.

△ △ △

Nach Ralfs überstürztem Abgang habe ich noch ein wenig im Buch geblättert und fand wieder den Satz: „Sei nicht faul im Namen der Spiritualität." Verbunden mit der Aufforderung, glücklich zu leben, könnte es sogar sein, daß Saraji Ralfs Theorie gefällt. Komisch nur, daß hier so viele Devotees leben, die keinen größeren Wunsch im Leben haben, als Saraji im Ashram zu dienen und danach nie wieder inkarnieren zu müssen.

Ein bißchen kann ich Ralf schon verstehen, daß es ihm wie eine Weltflucht und Blasphemie im Sinne von Nichtwertschätzen des physischen Lebens vorkommt. Und bei jedem Problem schütteln manche der Devotees auch nur gewichtig den Kopf und sagen, da könne man nichts tun, das sei eben Karma. Vielleicht bauen sie ja aber mit dieser Haltung nur neues negatives Karma auf, und wenn sie – trotz der karmabedingten Situation – etwas täten, würden sie damit positives Karma sammeln und das negative auflösen.

Elli hat nichts mehr gesagt, das war mir auch recht. Eben kamen die indischen Mädchen von gestern abend, und wir sind zusammen ins Internet-Café gegangen. Gigantisch, dieses Glücksgefühl, wieder mit der zivilisierten Welt verbunden zu sein und zumindest meine Privatmails kurz durchsehen zu können. Ich glaube, hierhin werde ich öfter mal verschwinden. Man kann zu Fuß hingehen. Super ist das. Die Rechner sind zwar extrem langsam, und der Schuppen ist typisch indisch staubig und schlicht, und dennoch muß man rätselhafterweise die Schuhe draußen lassen, aber wen interessiert das schon?

Als ich wieder im Ashram war, dachte ich über meine innere Zerrissenheit nach: Ständig wechsle ich meine Meinung darüber, ob der Guru nun ok ist oder nicht. Und dauernd warte ich darauf, daß ich ein Wunder zu sehen bekomme, aber es kommt keins. Ich behaupte, ohne Wunder ist es kein Wunder, wenn ich zweifle. Elli meint, weil ich zweifle und Saraji das weiß, gibt es kein Wunder. Wie auch immer, mir geht das Hin und Her in meinen Gedanken auf die Nerven.

Saraji war heute nachmittag nur kurz draußen und gab zwei Devotees eine Stunde lang ein Privatinterview.

Alle anderen saßen erwartungsvoll in der Ferne. Er ging danach aber wieder rein. Auf dem Weg in seine Räume sah er, daß ich auf eines der Zeichen im Tempel schaute und mich fragte, was es eigentlich bedeuten soll. Es war ein Kreis mit sieben verschiedenen Symbolen drum herum.

„Das sind sieben verschiedene Weltreligionen", sagte Saraji. „Ich verbinde sie alle und zeige euch die Essenz aus ihnen."

Diese Aussage brachte mich auf eine Idee. Ich stürmte in unser Zimmer, holte mir mein Tagebuch und erarbeitete eine neue Religion. Genau das war es! Wenn es sowieso schon sieben Religionen gibt und Saraji sie offenbar alle akzeptiert, dann kann genauso gut ich auch noch meine eigene haben.

Ich würde jetzt eine neue Religion erfinden und darüber nachdenken, wie eine Religion überhaupt aussehen müßte, damit sie mir gefällt. Der Sinn der Übung liegt darin, das Hin und Her an Pro und Contra in meinem Inneren zu beenden. Das Ergebnis würde ich dann Sarajis Lehren gegenüberstellen – oder auch nicht. Die Hauptsache ist eigentlich die, für mich herauszufinden, was meine eigene Wahrheit ist, unzensiert und unbeeinflußt von irgendwem anders. Es war wie ein Spiel mit mir selbst, und ich freute mich ungeheuer darauf.

Als erstes würde ich in meiner Religion Schluß machen mit dem Rezitieren des Namens Gottes. Das wird hier im Tempel dauernd gemacht. Nicht bei mir. In meiner Religion gibt es ein neues Mantra, und es heißt: „Ich bin glücklich mit mir selbst." Das fühlte sich gut an, ich war begeistert.

Dann wird es bei mir keine Disziplin, keine Übungen, keine Gebete und keine Regeln geben. Alles ist erlaubt. Das einzige, worin ich mich in meiner Religion bemühen werde, ist, meine Charaktereigenschaften zu verbessern. Ich habe eingesehen, daß das Spaß macht und dazu beiträgt, glücklich mit mir selbst sein zu können.

Ferner werde ich mich bemühen, das Leben mehr zu genießen und wertzuschätzen. Anstatt der Schöpfung (wenn es denn eine ist und das Universum nicht von sich aus per Urknall entstanden ist) zu entsagen und entfliehen zu wollen, wird in meiner Religion gelehrt, wie man in jedem Fitzelchen dieser Schöpfung Schönheit sehen und sich an ihr erfreuen kann. Das scheint mir ein Ziel zu sein, für das sogar ich mich gerne anstrengen würde. Schluß mit der inneren Wüste, her mit dem Wiederbegrünungsprogramm!

Und das ist es auch schon in meiner Religion: Liebe das Leben und sei glücklich mit dir selbst sind meine zentralen Botschaften. Eventuell noch: Teile dein Glück mit anderen, denn es allein zu genießen ist auf Dauer langweilig.

Kommen wir zu der Frage, ob es in meiner Idealvorstellung von einer Religion einen Gott gibt oder ob meine Religion auf eine solche Phantomvorstellung ganz verzichten kann.

Als ordentliche Religion sollte ich natürlich einen haben. Laß mal sehen, Ralf, wo könntest du einen hernehmen? Ich habe es! Übergangsweise werde ich meine Intuition zu meinem Gott ernennen. Mein Wohlgefühl wird zu meinem Guru und Wegweiser. Natürlich werde ich meinen Wohlfühlgott nie anhimmeln, das ist und bleibt die oberste Regel in meinem Ashram.

Er wird vielmehr mein bester Freund sein. So eine Art zweites Ich, nur eben eins, das schon etwas weiterentwickelt ist als ich und bereits alle Idealeigenschaften besitzt. Dieses zweite Ich, das meine Intuition und mein Gott ist, verurteilt mich natürlich nie, würde im Traum nicht daran denken, mich jemals zu bestrafen, und es wäre der beste Freund meines Lebens. Ich und mein Gott (ich muß mir einen anderen Namen für ihn ausdenken, ich kann das Wort nicht ab), wir sind die Megakumpels, und mit ihm kann ich hundert Prozent ich selbst sein – eben so, als wäre ich mit meinem zweiten Ich zusammen. Ich muß keine Anstandsregeln einhalten, die über das hinausgehen, wie ich mich selbst behandeln wollen würde, und ich kann mich auf mich selbst immer verlassen.

Mir fällt gerade ein, daß man sich in einer optimalen Freundschaft natürlich auch gegenseitig hilft. Aber wenn ich ein zweites Ich hätte, das mein bester Freund wäre, dann gäbe es ja nichts Schöneres für mich, als meinem zweiten Ich zu helfen, da es ja automatisch dieselben Dinge klasse findet wie ich.

Umgekehrt könnte ich mich auch jederzeit an mein zweites Ich wenden, wenn ich etwas bräuchte. Denn es ginge meinem zweiten Ich mit mir ja genauso wie mir mit ihm: Es würde es für das höchste Vergnügen halten, mir zu helfen und mir all meine Wünsche zu erfüllen, denn meine Wünsche und seine Wünsche sind naturgemäß identisch, da wir ja sowieso eins sind.

Genial. Ich bin begeistert von meiner Religion und fasse sie wie folgt zusammen:

1) Das einzige Mantra lautet: Ich bin glücklich mit mir selbst.
2) Es gibt nur eine Disziplin, in der ich mich übe, und das ist die, das Wunder des Lebens in jeder Kleinigkeit möglichst intensiv zu genießen und quasi den Himmel auf Erden für mich selbst einzurichten. Die Freude darf mit anderen geteilt werden.
3) Es gibt einen Gott, und er heißt ICH2. Er ist mein bester Freund, und es ist sein höchstes Glück, alles für mich zu tun, denn wir zwei sind eins und haben immer dieselben Wünsche. ICH2 (ok, wenn ich großzügig bin, dann darf mein Gott ICH1 heißen und ich bin ICH2), also ICH1 spricht über meine Intuition und mein Wohlgefühl mit mir.

Sollte ich einen Ashram gründen, dann wird das oberste Gesetz lauten, daß es verboten ist, ICH1 anzuhimmeln. Wenn man ICH1 anhimmelt, dann fühlt es sich nämlich alleine. Unter wahren Freunden himmelt man sich nicht an. Keiner ist besser oder mehr wert als der andere, sonst ist es nur ein Bekannter, aber kein wirklicher Freund.

So einen Quatsch wie Karma gibt es natürlich nicht. Mein zweites Ich brummt mir nun mal keine Strafen auf. Für mich kann es doch nichts Schöneres geben, als mir selbst schöne Geschenke zu machen. Die Aufgabe von Ich2 ist es allenfalls, einen besseren Kontakt zu Ich1 zu bekommen, damit er die Geschenke nicht verpaßt.

Den Satz: „Wenn es Ich2 im Himmel zu langweilig ist, landet er in der Hölle", können wir von Saraji übernehmen. Allerdings ist dann nicht Ich1 daran schuld.

Da er ja mein zweites Ich ist, hält er mir natürlich immer die Himmelstür offen. Ich bin es lediglich selbst, der sich durch mangelnde Wertschätzung den Himmel verbaut. Mein schlaueres Ich und bester Freund tut natürlich alles, um mich bei Punkt 2 meiner Religion zu unterstützen, so daß ich mir schnellstmöglich mein persönliches Paradies auf Erden errichte.

Als ich das alles notiert hatte, fühlte ich mich tatsächlich schon ein bißchen wie im Himmel auf Erden. Ich hatte ein ungeheuer zufriedenes Gefühl, es war kaum zu glauben, wie glücklich mich das Erfinden meiner eigenen Religion machte.

Ich las noch mal alles durch und dachte darüber nach, ob Elli entsetzt wäre oder es mögen würde. Am liebsten würde ich ihr sofort alles erzählen, aber ob das clever wäre?

Am besten, ich frage mal Ich1, dachte ich und mußte über mich selbst lachen. Ich setzte mich also noch mal kurz hin und fühlte in mich hinein, bei welcher Vorstellung ich mich wohler fühlte: Es Elli zu erzählen oder es ihr nicht zu erzählen. Das Ergebnis war eindeutig: Erzählen und mitteilen = teilen war viel besser.

Ich beschloß, ihr zu sagen, daß mich die Erlebnisse im Ashram inspiriert hätten, mal all meine bisherigen spirituellen Erkenntnisse (die nicht vorhandenen, aber das werde ich ihr vermutlich nie sagen, frühestens in zwanzig Jahren) in Frage zu stellen und in Gedanken meine aktuelle Privatreligion aufzustellen. Es könne allerdings sein, daß die Religion nächste Woche schon wieder anders aussehe, denn Ich1 und Ich2 wären da nicht so stur. Sie seien jederzeit über eine neue Religion verhandlungsbereit.

Ich fühlte mich mit dieser Quasi-Ausrede für meine Spielreligion sehr zuversichtlich und ging los, Elli zu suchen. Sie stand mit Udo im Hof, und die beiden fragten sich sowieso gerade, wo ich wohl abgeblieben sein könnte. Es war mir ganz recht, daß Udo auch da war. Mir gefiel die Idee, ihm meine Privatreligion ebenfalls vorzutragen. Also berichtete ich den beiden, was ich gemacht hatte und wieso (ich nahm die Begründung, die ich mir gerade ausgedacht hatte), und die beiden waren neugierig, sich meine Religion anzuhören.

Elli sah ein wenig nach gemischten Gefühlen aus. Vielleicht war das auch nur meine Projektion, denn gemischte Gefühle hatte ich trotz des großen Wunsches, mich ihr mitzuteilen, immer noch. Ich verlas also die Regeln meiner Religion und sah dann gespannt auf, wie die Reaktion der beiden sein würde.

Elli hatte wieder den bewundernden Blick von neulich drauf, als ich verkündete, ich würde nun meinen eigenen Ashram eröffnen, und Udo nickte anerkennend. Nanu? Ich war verwundert, und da das Risiko bei den grundsätzlich positiven Gesichtsausdrücken ja relativ gering war, fragte ich: „Seid ihr denn nicht schockiert? Ein Gott, der Ich1 heißt, und mein einziges Mantra ist total egozentrisch?"

Elli sagte, ich hätte ihr soeben den Einheitsgedanken auf eine Weise erklärt, bei der sie zum ersten Mal im Leben das Gefühl hätte, ihn wirklich verstanden zu haben. Alle spirituellen Lehren würden einerseits sagen, daß in Wirklichkeit alles eins, daß Gott überall ist und uns alle gleichmäßig liebt, aber in der Praxis könne sie sich das einfach nicht vorstellen. Vor einem Gott, der so gewaltig sei, daß er in der Lage ist, alle und alles gleichermaßen zu lieben, habe sie zuviel Respekt, als daß sie je Freundschaft mit ihm schließen könne. Sie könne sich auch nicht vorstellen, je eins mit ihm zu werden, auch wenn Saraji das immer wieder sage.

Saraji sage auch, er mache so viele Späße mit den Leuten, damit sie ihre Angst vor ihm verlören und statt dessen seine Liebe annehmen könnten. Das sei ihr wegen des zu großen Respekts nie so richtig gelungen.

Wenn sie sich nun das Bild vor Augen halte, das ich mir von meinem Gott gemacht hätte, dann könne sie sich erstmals vorstellen, zu ihrem Ich1, das einfach nur eine reinere Form von ihr selbst sei, wirklich Vertrauen haben zu können. Denn vor sich selbst fürchte sie sich sicher nicht. Sie schaute noch bewundernder als zuvor und schien fast schüchtern, so beeindruckt war sie.

Udo fügte hinzu, daß es in vielen Religionen heiße: „Dein Wille ist auch mein Wille, und mein Wille solle geschehen" oder so ähnlich. In dieser Formulierung sei es sehr abstrakt und kaum zu verstehen, weil man sich Gott so riesengroß und sich selbst so klein vorstelle. Meine Spielreligion hätte einen regelrecht brückenbildenden Charakter. Ob es eine Aufnahmezeremonie gäbe, er wolle gleich beitreten.

„Ich auch", sagte Elli und lachte ein wenig verlegen.

„Ich fürchte, ich muß euch enttäuschen", sagte ich. „Wenn ihr meiner Religion beitreten würdet, würde das Streß für mich bedeuten. Ich hätte das Gefühl, sie auch euren Bedürfnissen anpassen zu müssen, und woher soll ich eure innersten und tiefsten Bedürfnisse kennen? Außerdem ist meine Religion formbar, sie kann sich jederzeit verändern. Wer weiß, vielleicht wäre mir nächstes Jahr schon danach, einen neuen Fokus zu setzen."

„Aha", sagte Udo zu Elli gewandt. „Er will uns die Religion der totalen Selbstverantwortung lehren. Was machen wir da?"

„Ich schlage vor", sagte Elli etwas unsicher, aber dennoch entschlossen klingend, „wir gründen auch jeder eine Religion und geben jeder unserem Gott einen eigenen Namen. In zwei Stunden könnten wir uns zum Austausch aller neuen Religionen wieder treffen. Wie wäre das?"

Udo fand es super und ich auch. Und so stoben die beiden eilends davon, und ich ging alleine einen Spaziergang machen. Ein leichtes Grinsen auf dem Gesicht blieb wie von selbst die ganze Zeit erhalten. Ich fühlte mich heute wirklich wohl mit mir selbst.

Zwei Stunden später kam ich zurück, und die beiden Religionsgründer saßen bereits mit gewichtiger Miene und ihren Schreibblocks am vereinbarten Platz. Elli zierte sich ein wenig, und so fing Udo an. Seine Religion bestand aus folgenden Punkten:

1) Mit Gott zu verschmelzen bedeutet nicht, etwas zu verlieren oder aufzugeben, sondern es bedeutet, etwas dazuzugewinnen. Der Name seines Gottes ist daher „JOIN US".
2) Der Satz von Saraji, „Lebe glücklich", wird übernommen, und zwar aus folgendem Grund: JOIN US hat viel mehr Möglichkeiten als der einzelne, aber er kann seine Geschenke nur verteilen, wenn Udo glücklich und entspannt ist.

Udo erklärte das so: Wenn ihm der Name von einem Kunden entfallen sei, obwohl er ihn eigentlich gut kenne und er den Namen förmlich auf der Zunge habe, falle er ihm dennoch um so weniger ein, je mehr er die Erinnerung erzwingen wolle. Erst wenn er seine Fixierung, „es muß mir jetzt sofort wieder einfallen", losgelassen habe und er entspannt und glücklich sei, könne der Name wieder aus seinem Gedächtnis aufsteigen.

Genauso sei es mit der Hingabe an JOIN US: Wenn man glücklich und entspannt sei, könne JOIN US alles, was man sich wünsche, vorbeischicken. Wenn man es dagegen verkrampft erzwingen wolle, dann sei es wie mit dem vergessenen Namen – man entferne sich nur weiter davon.

3) Es gibt auch bei Udo ein Mantra, und es lautet: „Ich bin glücklich mit mir selbst und meinem Nächsten."

Ich gebe zu, daß die Religion von Udo mir auch gefällt und daß sein Zusatz zu meinem Mantra wirklich gut ist. Ich werde umgehend eine Aktualisierung der Ich1-Religion in Angriff nehmen. Elli und ich applaudierten jedenfalls laut, als er seine „Satzung" verlesen hatte. Dann kam Ellis Religion:

1) Das höchste Ziel ist es, das Leben nicht vorwiegend mit dem Verstand wahrzunehmen, sondern mit dem Herzen und dem Gefühl. „Fühle dich durch den Tag", lautet der Leitsatz. Der Name ihres Gottes ist daher „DIE INTENSIVSTE FREUDE", kurz DIF.

2) Das zweite ebenso hohe Ziel besteht darin, mit jedem Menschen eine Herzverbindung statt nur einer verbalen Verbindung aufzunehmen und in jedem sein vollkommenes Potential zu sehen bzw. zu erspüren.

3) Am Mantra arbeitet sie noch. Die zwei Stunden hatten ihr dafür nicht gereicht.

Es handelt sich auch bei DIF um eine Religion im bekannten Baukastensystem, beschlossen wir daher. Erweiterungen sind jederzeit erlaubt.

Auch Ellis Religion wurde ausgiebig beklatscht, und wir baten uns gegenseitig, bei den anderen beiden alles abschreiben zu dürfen, was uns gefallen hatte. Natürlich würden wir nur Dinge übernehmen, die uns wirklich persönlich angesprochen und deren Formulierung uns gefallen hatte. Unsere Religionen sollten auf jeden Fall für jeden von uns einzelnen maßgeschneidert bleiben.

Es war ein sehr gelungener Nachmittag. Das Spiel hatte uns allen sehr gefallen.

☖ ☖ ☖

Mit Ralf wird es mir noch lange nicht langweilig werden. Er hat so viele Facetten. Ich bin wirklich glücklich, so einen Freund gefunden zu haben, und meine kurze Krise von Anfang der Woche, als mir schon langweilig mit ihm wurde, ist völlig verflogen.

Heute hat er sich seine persönliche Individualreligion ausgedacht und Udo und mich auf die Idee gebracht, das gleiche zu tun. Es war ein außergewöhnliches und wunderbares Erlebnis, befreiend und zugleich das Selbstbewußtsein stärkend.

Es ist eine ganz tolle Idee, sich aus jeder Religion das zu nehmen, was einem gefällt, und den Rest für sich einfach wegzulassen. Saraji macht das im Grunde ja auch, da er sieben Religionen vereint. Bisher hatte ich gedacht, wenn ich sein Devotee wäre, müßte ich mich ganz seiner Lehre anschließen, denn schließlich ist Saraji ein viel größeres und reineres Wesen als ich. Als ihn ein Devotee einmal fragte, in welchem Kindesalter er bemerkt hätte, daß er etwas Besonderes sei, sagte Saraji, die Frage müsse anders gestellt werden, nämlich, in welchem Alter er gemerkt oder verstanden hätte, daß er ein Mensch geworden ist und daß er der einzige ist, der noch alle Kräfte des Ozeans besitzt.

So genau ist Saraji. Er ist wie ein Wesen aus einer anderen Welt mit seiner Liebe, seiner Weisheit und seiner Kraft. Also dachte ich, daß es mir nicht zustünde, irgend etwas an seiner Lehre zu kritisieren.

Aber wenn ich andererseits Regeln und Weisheiten übernehme, die ich nicht wirklich aus mir selbst heraus als wahr empfinde und erlebe, dann gerate ich in Verwirrung und fühle mich minderwertig. Und mit der Anwendung hapert es dann auch, weil sich so vieles zu widersprechen scheint. In Wahrheit ist es nur nicht die im Moment beste Zusammenstellung für meine eigene Religion.

Vielleicht zumindest. Ich werde eine Weile so tun, als hätte ich jetzt wirklich meine eigene Religion, und ich werde zu DIF beten statt zu Gott, vor dem ich mich sowieso immer etwas fürchte, weil er mir zu groß und übermächtig erscheint. Dann werde ich erleben, was passiert und ob es sich gut anfühlt oder doch ein schwerwiegender Fehler ist.

Ich hoffe nur nicht, daß Saraji mir dieses Experiment übel nimmt. Er spürt immer ganz genau, was in wem vorgeht und wer sich wirklich und echt Gott hingibt und wer nicht. Alle wirklichen Devotees unterstützt er unglaublich, und die, die nur Hilfe für ihre Probleme wollen, aber ansonsten nur Kritik für ihn übrig haben, unterstützt er nicht.

Hoffentlich wendet er sich wegen des Experiments mit DIF nun nicht von mir ab. Vielleicht ist es doch Blasphemie, sich eine eigene Religion auszudenken, auch wenn es doch eigentlich nur ein Spiel war.

Allerdings werde ich nicht lange warten müssen, um es herauszufinden. Meistens spiegeln einem Sarajis Reaktionen sofort das eigene Verhalten wider. Wenn er heute sehr zurückweisend zu mir ist oder ich, scheinbar zufällig, die besten Momente mit ihm verpasse, dann weiß ich, daß er mit unserem Spiel nicht einverstanden ist.

Gestern abend waren die indischen jungen Mädchen mit ihren Eltern wieder da. Diesmal sangen sie mit Saraji. Zuerst war ich ein wenig genervt: Schon wieder singen. Zudem macht Saraji immer die halbe Nacht durch, und man ist bei der Morgenmeditation völlig übermüdet.

Aber es hat sich doch gelohnt. Die Eltern der Mädchen hatten nämlich ihren dreißigsten Hochzeitstag, und als wir uns alle im Haus versammelt hatten, Elli und ich saßen nur drei Meter von Saraji entfernt, hielt er den beiden eine Gratulationsrede.

Dann hielt er die eine Hand hoch, wohl um die beiden zu segnen, den Ärmel hatte er dabei weit zurückgeschoben. Auf einmal, ich sah ihm nichtsahnend einfach nur zu, änderte er seine Handhaltung, schnippte kurz mit den Fingern und hielt im nächsten Augenblick einen goldenen Ring zwischen selbigen, den er den beiden zum Hochzeitstag schenkte.

Mir blieb der Mund offen stehen. Im Geiste ließ ich das Gesehene noch mal rückwärts ablaufen: Ich hatte die ganze Zeit die leere Hand in der Luft gesehen, mit dem Ärmel zurückgezogen. Und auf einmal, ohne mit der Hand irgendwo am Kleid vorbeigehuscht zu sein oder etwas ähnliches, hielt er einen Ring zwischen den Fingern. Wie konnte es so etwas geben? Sollte es wirklich wahr sein, daß er Dinge einfach so materialisieren kann?

Ich konnte es nicht glauben und rekonstruierte noch einmal: Ok Ralf, du hast zwar die ganze Zeit hingeschaut, aber du warst überhaupt nicht konzentriert oder aufmerksam, weil du mit so was nicht gerechnet hast.

Vielleicht hatte er ja vor dem Fingerschnippen doch noch eine schnelle Bewegung zu irgendeiner Falte in der Kleidung gemacht, die mein Unbewußtes in der Erinnerung einfach ausgelöscht hat, weil sie ihm nicht wichtig erschien? Wie kann ich mir sicher sein?

Wenn ich wirklich das gesehen habe, was meine Erinnerung mir vorgaukelt, dann muß ich hiermit mein gesamtes Weltbild in Frage stellen. Dann heißt Ich1 vielleicht doch Gott und ist ein übermächtiges Wesen, und ich bin ein kleiner Wurm. Aber verdammt, kann das alles wirklich sein, oder sitze ich nicht doch einem Gaukler auf? Ich traue einfach meinen eigenen Augen nicht mehr, denn das KANN einfach nicht sein.

Gestern abend waren wieder die indischen Mädchen da und sangen uns etwas vor. Ich hatte den Verdacht, beziehungsweise ich bin mir sicher, daß Saraji mich weniger oft angesehen hat als sonst. Aber ich war trotzdem glücklich, denn ich hatte kurz zuvor noch eine sehr erleichternde Idee. Ich habe ein bißchen Schmuck mit nach Indien genommen, unter anderem eine Halskette und ein Armband, die mir beide mein Exfreund, Ralfs Vorgänger, vor zwei Jahren zu Weihnachten geschenkt hat.

Die Ketten sind zwar sehr schön, aber im Ashram wurde mir klar, daß ich mich unwohl damit fühle, weil die Energie meines Exfreundes damit noch irgendwie bei mir zu sein scheint. Es kommt mir Ralf gegenüber wenig integer vor. Und so beschloß ich heute abend, die Ketten den Mädchen zu schenken.

Ich sagte ihnen die Wahrheit, daß wir Deutschen in unseren Beziehungen oft nicht so beständig wären wie sie hier in Indien und daß ich die Ketten von meinem Exfreund hätte und mich nun damit nicht mehr wohlfühlen würde. Mein Wunsch sei es daher, sie einfach jemandem Nettes weiterzuschenken, und ich fragte die Mädchen, ob sie die Ketten annehmen und teilen würden.

Sie nickten verständnisvoll und nahmen sie an. Es war erstaunlich, was für eine Freude und Erleichterung mich daraufhin befiel. Die Mädchen zogen die Ketten gleich an, und ich war so gerührt über ihre freundliche Art, daß sie mir wie kleine Prinzessinnen vorkamen. Ihre innere Schönheit schien zu der äußeren noch richtig dazuzuleuchten.

Diese Sichtweise blieb die ganze Zeit bestehen, während sie mit Saraji sangen. Und so fühlte ich mich glücklich, auch wenn Saraji mir an diesem Abend nicht viel Beachtung schenkte. Er materialisierte auch noch einen Ring für die Eltern der Mädchen, und allein daraus, daß ich hatte dabei sein und es sehen dürfen, schloß ich, daß er nicht wirklich böse auf mich sein konnte. Wenn Saraji wollte, dann hätte er es so einrichten können, daß ich „zufällig" genau in dem Moment gerade weggeschaut hätte.

Am Ende des Abends sang er als eines der letzten Lieder auch noch einmal mein Lieblingslied von gestern. Er sah mich zwar auch dabei nicht an, und nur die Inderin, die mitsang, nickte mir freundlich zu, aber ich bin mir nun sicher, daß Saraji nicht ärgerlich auf mich ist, sondern vielleicht nur spürt, daß ich gerade mit meinen Gedanken nicht ganz so intensiv bei ihm bin.

Die gestrigen Erlebnisse haben mir irgendeine Art Energieschub versetzt. Ich entschloß mich daraufhin, zu einer freiwilligen Zusatzveranstaltung zu gehen, die ich bisher immer geschwänzt habe: den sogenannten Puja.

Als erstes ließ ich mich aufklären, worum es dabei überhaupt geht, und traute schon wieder meinen Ohren kaum. Ich bekam zu hören, daß Saraji einmal im Jahr, circa Ende Februar, einen Lingam gebären würde, und dieser Lingam würde bei der Puja gebadet.

Man faßt es doch nicht, welche Verrücktheiten es noch alles gibt! Wenn schon, denn schon, ich wollte genau Bescheid wissen und bekam also den Lingam zu sehen. Er sah aus wie ein schwarzes Marmor-Ei und hat etwa die Größe eines kleinen Hühnereis. Nach Auskunft der Devotees läßt Saraji so ein Ding einmal jährlich in seinem Magen wachsen und würgt es jeweils zu einem besonderen Fest Ende Februar aus, was sie dann den Lingam gebären nennen. Es ist ein Wunder, das der Avatar seinen Devotees einmal jährlich schenkt, um ihnen seine Kräfte zu demonstrieren, bekam ich zu hören.

Das Ding, der sogenannte Lingam, ist ein Mysterium für sich. Die Devotees berichten, er würde quasi leben und die Gedanken seines Wärters verstärken und aussenden. Als Wärter würden daher fortgeschrittene Devotees ausgewählt. Sie müßten den Lingam einmal täglich baden und eine Zeremonie mit Gesängen veranstalten, sonst zerfalle er. Einer Anhängerin sei er vor drei Jahren wegen zu nachlässiger Pflege zerbröselt. Sie hätte dann im Jahr darauf eine weitere Chance mit einem zweiten Lingam erhalten, aber als sie auch diesen versiebte, war Schluß. Nun gibt es eine andere Wächterin des Lingams vom letzten Jahr, und dieser ist noch erhalten und in Form.

Soll man es glauben? Bloß gut, daß mich diese Story erreichte, NACHDEM ich die Ringmaterialisation gesehen hatte und nicht vorher. So bin ich geneigt, es immerhin für möglich zu halten, und fürs erste denke ich am besten einfach nicht weiter darüber nach.

Während der Puja hatte ich nicht viel mehr zu tun als zuzuschauen, zuzuhören und gesegnete Kokosnuß zu essen. Ich nutzte die Zeit, um in mich hineinzufühlen und mir vorzustellen, ich könnte mit meiner Intuition und Ich1 auf diese Weise Kontakt aufnehmen.

Es war sehr seltsam, es war, als würde die Puja mich in eine Halbtrance versetzen. Ich fühlte mich wie in einen warmen Nebel gehüllt, und der Nebel schien zu sagen: „Hallo ich bin's, dein zweites Ich, Ich1. Schön, daß du mit mir Kontakt aufnimmst."

Es war eine verrückte Phantasiereise in Halbtrance, und ich mußte augenblicklich daran denken, wie so ein Erlebnis auf einen Esoteriker wirken mußte. Kein Wunder, wenn sie hinterher Storys von Erscheinungen und Visionen erzählen. Sie interpretieren das Erlebte einfach mit zuviel kindlicher Phantasie. Zugegeben, diese Phantasie war richtig gut. Ich fühlte mich sehr stark und geborgen in diesem warmen Ich1-Nebel.

Während außerhalb von mir zur Puja gesungen wurde, tauchte auf einmal in mir das Bild von Saraji auf, so als würde er noch mit zu mir in den Nebel kommen wollen. Das seltsamste war, daß ich das Bedürfnis hatte, ihn einzuladen, ruhig mit zu „uns" hinzuzukommen. Jetzt, da ich meinen „Privatgott Ich1" schon bei mir hatte, fühlte ich mich stark genug, um auch noch einen inkarnierten Gott in meine Liebe mitaufzunehmen. Es klingt verrückt für meine eigenen Ohren, aber so läßt sich das Gefühl am besten beschreiben.

Mir fielen auch noch Sarajis Worte ein, daß es egal sei, ob man den formlosen oder einen inkarnierten Gott verehre – das Ergebnis sei dasselbe. Nur, daß eben Ich1 und ich uns nicht gegenseitig verehren. Keiner von uns verehrt den anderen. Aber durch den

Verehrungstick habe ich mich, wie ich jetzt erst richtig bemerke, vor Saraji insgeheim sogar ein wenig gefürchtet. Ich war gar nicht offen, um ihn mir überhaupt wirklich genau anzusehen. Jetzt, da wir zu zweit sind, ich und mein bester Freund Ich1, sind wir stark genug, um auch noch einen dritten Freund zu akzeptieren. So kommt es mir zumindest jetzt vor.

Ich möchte zwar gar nicht erst wissen, was der Mensch Saraji von solchen Gedanken halten würde, aber ich habe nicht vor, unser im Moment sehr positives Verhältnis dadurch zu trüben, daß ich es ihm aufs Butterbrot schmiere. Selbst, wenn es hart auf hart kommen sollte und er wirklich so etwas wie eine inkarnierte Gottheit wäre, dann würde ich als Hauptansprechpartner doch lieber meinen selbsterfundenen Ich1 wählen und mich auf Sarajis Worte verlassen, daß Gott überall ist – wenn es ihn denn überhaupt gibt.

Mir scheint, das Gedankengut im Ashram wirkt ansteckend. Ich halte ja schon selbst lange Entschuldigungsreden, weil ich Saraji „untreu" werde, dabei hatte ich noch nie vor, überhaupt sein Anhänger zu werden. Vielleicht liegt es auch ein bißchen daran, daß ich mir dachte, zu Hause in Deutschland sei immer noch Zeit genug, um zu einem Gesamtresultat bezüglich des hier Erlebten zu gelangen. Anders als in den ersten Tagen wollte ich mich nun, solange ich noch hier bin, bemühen, mich soweit wie möglich auf das Spiel hier einzulassen, um es zu erproben, damit mir hinterher keiner sagen kann (Udo und Elli nicht und ich mir selbst auch nicht), daß meine mangelnden Erkenntnisse an meiner fehlenden Bereitschaft und der zu großen Skepsis lägen.

Ich bin skeptisch, ok, aber ich habe gestern nach der Materialisation des Ringes (wenn es denn eine echte war) beschlossen, meine Hauptskepsis symbolisch schon mal nach Hause nach Deutschland zu schicken und mich hier auf den Fullpower-Test einzulassen. Wenn schon, denn schon, jetzt will ich es wirklich wissen.

🧘 🧘 🧘

Heute morgen wollte wir ein „Kokosnuß-Paket" trinken. Es gibt hier eine Sorte Kokosnuß, die kaum Nußfleisch hat, aber dafür einen sehr leckeren, nahrhaften Saft. Beim Händler kann man sich die Nüsse halb öffnen lassen – das nennen sie dann „Parcel" – und sie später zu Hause ganz öffnen und den Saft austrinken. Aber anscheinend muß man den Saft zumindest noch am selben Tag trinken, denn die Lagerung über Nacht in unserem Zimmer hatte bewirkt, daß die Nuß da, wo sie halb geöffnet war, zu schimmeln begonnen hatte.

Ralf wollte sie daraufhin gleich ganz wegwerfen, aber ich fand, das sei übertrieben und läge nur daran, daß er zuviel Geld habe und dekadent mit solchen Dingen umgehe. Denn als ich die Nuß ganz öffnete, konnte ich nichts Verdächtiges am Geruch des Fruchtsaftes entdecken.

Ralf blieb stur. Schimmel sei Schimmel, und er werde sich das nicht antun. Wenn ich unbedingt meine Nachkriegs- und Armutsmentalität ausleben wollte, dann könne ich sie gerne trinken, aber ohne ihn.

Ich fand ihn fürchterlich arrogant und trank die Nuß. Leider hatte Ralf recht. Bereits fünfzehn Minuten später mußte ich dauernd aufstoßen, und dann wurde mir ziemlich schlecht.

Zu Hause hatten wir eine ganz ähnliche Situation schon einmal. Aber diesmal habe ich das Gefühl, ich habe verstanden, daß es so etwas wie eine „Sparsamkeit an der falschen Stelle gibt", und auch wenn Ralf manchmal dekadent ist, dann ist er es nicht immer. Den Magen habe ich mir daran verdorben, daß ich Ralf beweisen wollte, daß er, wenn es um unnötige Geldausgaben geht, IMMER unrecht hat. Aber das „immer" hat eben nicht gestimmt.

Wenn ich solche Dinge im Ashram erlebe, habe ich das Gefühl, daß sie viel tiefer gehen und daß ein Erlebnis ausreicht, um etwas wirklich zu verstehen. Zu Hause kann dieselbe Situation jahrelang immer wieder auftauchen, ohne daß ich ihre Botschaft so richtig verstehe oder umsetze. Ich bin überzeugt, das liegt an Saraji. Diesen Gedanken wollte ich gerne mit Ralf teilen und ihm auch sagen, daß er mit der Nuß recht gehabt hatte.

Leider habe ich diese Entscheidung gleich wieder bereut. Ralf meinte, es wäre normal, daß man manche Lehren des Lebens oft wiederholen müsse, um sie zu verstehen. Zu Hause im gewohnten Umfeld wäre man aber so abgelenkt mit anderen Dingen und zusätzlich im Alltagstrott drin, daß man sich auch an die Wiederholungen gewöhnen und sie kaum registrieren würde.

Hier wäre alles so anders, und vieles am Ashramleben und auch an Sarajis Lehre würde uns so gegen den Strich und gegen all unsere Gewohnheiten gehen, daß uns auch die Wiederholungen nicht wie Wiederholungen, sondern wie ein völlig neues Erlebnis vorkämen. Dadurch wären wir emotional stärker an dem Erlebnis beteiligt und es würde stärker wirken.

Mich hat diese Erklärung aber leider wenig gefreut. Sie klingt so entmystifizierend und ernüchternd. Ich fragte Ralf, warum er dann so fixiert darauf wäre, alles zu entmystifizieren, wenn das Neue und Andere und diese Anmutung von Magie die Dinge wären, die es uns ermöglichen würden, uns schneller positiv weiterzuentwickeln?

Er meinte daraufhin, ziemlich arrogant, wie ich fand, daß er leider nicht dumm genug wäre, um diese offensichtliche Tatsache so leicht verdrängen zu können. Manchmal hasse ich seine trockene Art einfach. Sie verdirbt mir so richtig den Spaß. Außerdem bin ich überzeugt, daß auch er hier sehr viel lernt und daß er es sehr wohl vor allem Saraji verdankt.

Heute ist der erste Tag, an dem ich mich frage, ob sich hier im Ashram vielleicht wirklich jede Negativität verstärkt. Es gab nichts, aber auch rein gar nichts, was mich heute nicht genervt hätte. Ich war kurz davor, sofort ins Luxushotel zu ziehen.

Als erstes nervte es mich schon am frühen Morgen, wie wenig interessante Gespräche mit den Devotees möglich sind. Außer ihrem Saraji, Eifersuchtsproblemen und Erörterungen darüber, wer sich wie blöd benimmt oder was macht, gibt es keine Gesprächsthemen.

Am Anfang dachte ich ja noch, der Guru käme nur so ab und zu zum Vorschein, aber die Realität sieht anders aus, seit wir hier sind. Er schläft offenbar aus bis um 12 oder 13 Uhr und leistet dann den Devotees Gesellschaft bis um 14:30 Uhr. Dann gibt es Mittagessen und es wird Siesta gehalten. Anschließend führt der Guru öfter Einzelgespräche, und es schleichen wieder alle gierig umher, um selbst eins zu ergattern. Nach der Abendmeditation und dem Abendessen ist der Guru wieder da und amüsiert sich bis weit nach Mitternacht. Kein Wunder, er schläft ja aus. Die Devotees gehen zwischen 1 und 4 Uhr morgens schlafen – je nach seiner nächtlichen Laune – und sollen um 6 Uhr wieder zur ersten Meditation aufstehen.

Das alleine nervt mich schon. Und es wird natürlich zunehmend klarer, warum hier niemand einen eigenen Lebensinhalt hat. Der einzige Inhalt ist die sogenannte Hingabe an Saraji, sprich das Herumsitzen und ihm Zuhören oder Zuschauen beim Witzereißen und Spielespielen.

Diese Show veranstalten aber nun keinesfalls die Devotees für den Saraji, damit ihm nicht etwa langweilig wird. Aber nein, er teilt in seiner Großherzigkeit so viel seiner Zeit mit den Devotees, weil das das einzige ist, was sie glücklich macht. Schließlich ist er ja ein Gott.

Da es außer seinem Unterhaltungsprogramm keinen Lebensinhalt gibt, sind die ständigen Eifersuchtsszenen natürlich nicht verwunderlich. Schaut er die anderen öfter an als mich? Mich hat er schon drei Tage nicht mehr berührt, aber die Soundso dauernd. Das sind die Themen, mit denen sich ein Devotee befaßt. Hört sich weniger nach innerer Fülle als vielmehr nach einem klassischen Fall innerer Leere und mangelnder eigener Identität an. Das ist der Sektencharakter an der Geschichte.

Nachdem ich mich von allen distanzierte, weil mir die Gespräche zu blöd waren, ging der Ärger weiter. Die Armen, die um den Ashram herum leben, verbrannten irgendwelche scheußlichen Dinge auf ihrem Dreckhaufen, und es stank daher in unserem Zimmer einfach grauenhaft, da der ganze Ruß und Gestank zu uns zog.

Also ging ich doch wieder hinunter in den Garten. Dort traf ich auf Elli, Udo und drei Franzosen, die gerade angekommen waren. Der Ashramsekretär – oder was auch immer er ist – kam ebenfalls angelaufen. Ich dachte eigentlich, er würde vom Ashram bezahlt, es stellte sich aber heraus, daß er von eigenem Erspartem lebt und ehrenamtlich arbeitet – so wie alle anderen übrigens auch.

Er fragte in die Runde, ob irgendjemand von uns französisch spreche. Udo sagte, er könne gut französisch. Das ist eine Eigenschaft an ihm, die mir völlig unverständlich ist. Ich selbst würde mein Französisch bestenfalls als unterstes Fortgeschrittenenniveau bezeichnen, also niemals als gut. Udo spricht deutlich schlechter französisch als ich, verkündet aber im Brustton der Überzeugung, er spreche gut französisch. Na, dann soll er doch mal machen.

Er bekam natürlich nun den Auftrag, die neu angereisten Franzosen in die Ashramregeln einzuweihen. Mir rollten sich bei jedem Satz, den er von sich gab, die Fußnägel auf. Und die Franzosen blickten, was niemanden verwundern kann, ziemlich irritiert und verständnislos drein. Ich vermute, bisher haben sie höchstens eine Regel verstanden. Die, daß niemand höher sitzen darf als Saraji, denn das ließ sich so schön mit Gesten erklären.

In solchen Situationen schäme ich mich immer für den anderen, der sich meiner Meinung nach gerade unsäglich blamiert. Wenn er wenigstens noch zugeben würde, daß sein Französisch lausig ist, dann wäre die Situation sofort in Ordnung und keiner würde sich wundern. Aber so konnte ich kaum hinhören, ohne innere Qualen zu erleiden, denn sobald ihn jemand nicht verstand (also dauernd), war er beleidigt, weil er ja überzeugt ist, daß sein Französisch grandios ist.

Und wieder schien eine Katastrophe oder vielmehr eine Peinlichkeit die nächste nach sich zu ziehen. Während es mich noch fröstelte bei Udos vergeblichem Versuch, mit seinem Französisch zurandezukommen, er sich dabei aber ganz klasse vorkam, stieß einer der Dauerdevotees mit Namen Herbert dazu. Udo hat anscheinend einen besonderen Draht zu ihm, denn die beiden sitzen oft bei einem Pläuschchen zusammen.

Nun begrüßte Udo ihn ebenfalls erfreut und stellte ihn den Franzosen als Karl-Heinz vor. Er heißt aber Herbert. Dabei rollten sich mir schon wieder die Fußnägel auf. Herbert sah auch wenig erfreut aus.

In mir hatte sich allmählich alles zusammengezogen, und ich hielt schon fast die Luft an vor lauter Unwohlsein darüber, was Udo sich an diesem unglückseligen Nachmittag noch alles leisten werde.

Meine Befürchtungen erwiesen sich als berechtigt. Aus Ellis Sichtweise heraus war natürlich ich derjenige, der alle noch folgenden Situationen herbeigefürchtet hatte.

Es war jedenfalls wie verhext, Udo klopfte einen blöden Spruch nach dem anderen und ignorierte hartnäckig die befremdeten Blicke um ihn herum. Mir war, als könne ich es kaum aushalten, daß mein bester Freund sich so aufführte. Aber er hat so Tage. Ich frage mich dann jeweils, ob die Freundschaft wohl noch lange halten wird oder ob ich mir nicht lieber weniger peinliche Freunde suchen sollte.

Aber das war alles noch nicht der Höhepunkt. Der folgte am Abend zu Sarajis Unterhaltungsprogramm. Natürlich sagt er, daß er NICHT unser Entertainer wäre, auch wenn es bisweilen so aussehe. In Wahrheit würde er energetisch mit uns arbeiten, und wir würden mit seinem Segen bedacht werden, während wir mit ihm zusammensäßen.

Das hat für ihn den Vorteil, daß selten einer ins Bett geht, denn man will die energetischen Segnungen eines inkarnierten Gottes natürlich nicht verpassen.

Diesmal hatte er den singenden indischen Mädchen aufgetragen, für die Gruppe zu tanzen. Da er zuvor wieder sein Brettspiel spielte, wurde es fast Mitternacht, bis der Tanz begann. Die erste Kleine tanzte ganz niedlich. Dann aber fing er an, die nächste zu beschwatzen, sie solle doch auch tanzen. Sie hatte aber länger nicht geübt und vertanzte sich ständig. Ihre Mutter konnte gar nicht hinsehen, sondern hielt sich jammernd die Augen zu.

Dann wurde es immer schlimmer. Einer der Inder forderte ein weiteres Mädchen zum „englischen Tanz" auf. Dabei hätte man sich aber an den Händen berühren müssen. Das Mädchen rannte quiekend davon. Die resolute Anhängerin, die schon bei der Verabschiedung der Japaner zum entscheidenden Einsatz gekommen war, wurde an die Front geschickt und äffte den Tanz der indischen Mädchen nach. Allerdings wiegt sie mindestens das Doppelte und hat keinerlei Ahnung vom Tanzen. Bei ihrem Temperament war die Einlage aber dennoch sehr lustig anzusehen und erntete viele Lacher.

Ich war immer noch etwas verkrampft, weil ich mich für Udos peinliche Szenen zuvor schämte und mich daher sowieso nicht sehr entspannte. Aber was nun kam, setzte allem die Krone auf.

Eine Anhängerin von der „Ashram-Polizei" (ähnlich wie die beiden knöchernen Schwestern ahndet sie jeden Verstoß gegen die Ashram-Regeln sofort in perfekt lehrmeisterhaft nervender Art) schien ausgetickt zu sein. Sie hatte ihren Schal zu einer Wurst zusammengebunden und rannte damit johlend auf die Tanzfläche. Erstarrtes Staunen war die erste Reaktion bei allen Anwesenden. Es sah aus wie an Karneval im fortgeschrittenen Suffzustand.

Sie wollte dann auch noch eine zweite Person mit auf die Bühne zerren und zu zweit eine Art Affentanz aufführen. Alle reagierten sehr bestimmt zurückhaltend, bis sie – es mußte ja so kommen – an Udo geriet.

Udo war hocherfreut, er hatte am heutigen Tag offenbar noch nicht genug peinliche Selbstdarstellungen gehabt. Er stand auf und machte mit. Leider verfügten die beiden Karnevalisten aber weder über die Anmut und die Tanzkünste der indischen Mädchen noch über das Gauditemperament von Miss Resolut, und so geriet die Show zu einer einzigen Blamage.

Die indischen Mädchen hatten Mitleid und kamen wieder mit auf die Bühne, um mitzumischen und die Situation dadurch etwas zu retten. Miss Karneval nutzte die Gelegenheit und floh zurück an ihren Platz. Übrig blieb Udo, der unbeholfen zwischen den Mädchen umhertapste.

Ich sah zwischendurch zu Saraji rüber und hatte das Gefühl, daß er mich in allerhöchstem Vergnügen studierte. Er klopfte mit der Hand auf den Boden und lachte sich scheckig. Da ich diesmal aber etwas weiter von ihm wegsaß, vermutete ich, daß ich mich geirrt und er woanders hingesehen hatte und er mehr aus Höflichkeit über die Show auf der Bühne lachte.

Als die Musik zuende war und die drei Improvisationstänzer zu ihrem Platz zurückgingen, atmete ich erleichtert auf. Mehr zufällig sah ich dabei zu Saraji rüber, und wieder schaute er mich höchst vergnügt an. Er atmete parallel mit mir zusammen aus, äffte meine Erleichterung nach, rollte scheinbar schockiert mit den Augen und schüttete sich danach regelrecht vor Lachen.

Also doch. Ich hatte mich nicht geirrt. Er hatte mein Unwohlsein in der Situation genauestens studiert und fand es urkomisch.

Der Abend wurde dann beendet, und die beiden indischen Mädchen zeigten ein Benehmen, das ich mir merken werde, weil ich es so angenehm fand. Es nahm der blamablen Situation die Schärfe und reduzierte sie auf ein nettes Partyspiel. Die beiden kamen nämlich zu Udo, reichten ihm die Hand und bedankten sich für seinen heldenhaften Einsatz und die phantastische Bereicherung ihres Tanzes. Das taten sie ohne jeden spöttischen Unterton. Ich habe diese Großzügigkeit wirklich bewundert.

Saraji ging zu seinem üblichen Segen an alle über und rief dann meinen Namen. Als ich erstaunt hochschaute, sagte er: „Ralf, ich segne dich extra!" und mit einem glucksenden Lacher verzog er sich in seine Gemächer.

Mittlerweile hatte Udo eine große Krise. Als ich ihn am Nachmittag gefragt hatte, ob er sich allmählich nicht genug blamiert hätte, hatte er nur schlau bemerkt, ich solle mich nicht so anstellen. Peinliche Situationen wären hervorragend zum inneren Wachstum geeignet. Ich fand diesen Kommentar genauso peinlich wie alles Vorhergehende.

Nach seinem Tanzeinsatz meinte Udo nun im nachhinein selbst, daß er sich diese Blamage, über die auch keiner gelacht hatte, doch lieber gespart hätte. Er würde sich furchtbar schämen.

Als er das sagte, verspürte ich eine deutliche Erleichterung und fand die Situation auf einmal gar nicht mehr so schlimm. Während Udo sich mit einem Inder unterhielt und ihm sagte, daß ihm nun wegen seines mißglückten Tanzeinsatzes ganz schwummrig sei, sprach ich mit anderen Devotees. Mit halbem Ohr bekam ich mit, wie der Inder zu Udo sagte, es wäre doch alles ok gewesen, schließlich würde er hier im Ashram doch von niemandem beurteilt werden, am allerwenigsten von Saraji selbst.

Die Devotees, mit denen ich mich unterhielt, klärten mich auf, daß Saraji öfter solche Tanzabende veranstalte. Sie würden meist mit geschulten Tänzern anfangen, so wie mit den beiden Mädchen, und danach dürfe oder müsse jeder ein bißchen herumhüpfen. Manchmal gäbe es auch eine Art Disco, bei der alle zusammen ein bißchen herumhüpfen. Mit dieser Zusatzinformation fand ich die ganze Szene nun überhaupt nicht mehr schlimm. Irgendwie hatte ich im Kopf gehabt, daß nur auf die Bühne dürfe, wer wirklich etwas vorzuführen hat.

Elli hatte von meinen innere Nöten gar nichts bemerkt. Sie kannte die Tanzabende wohl schon und hatte das alles wahrscheinlich ganz lustig gefunden. Ich bat sie, schon mal vor ins Bett zu gehen, und setzte mich zum Meditieren noch ein wenig in den Nebenraum des Tempels vor das heilige Ei (das, das Saraji jährlich im Magen wachsen läßt; ich habe den korrekten Namen vergessen). Schließlich hatte ich mir ja vorgenommen, für den Rest der Zeit so zu tun, als wäre ich ein echter Devotee, um empirisch zu erforschen, was man davon hat.

Während ich schweigend dasaß, versuchte ich meine Gedanken zur Ruhe zu bringen und einfach nur dazusein. Im Haus wurde es langsam still, und die Lichter gingen alle aus. Als ich tief durchatmete, hatte ich auf einmal das Gefühl, als würde der Lingam – jetzt fiel mir das Wort wieder ein – leuchten und mich regelrecht anstrahlen.

Es ist zwar unmöglich, daß ein gänzlich schwarzes Ei in der Dunkelheit leuchtet, aber vielleicht kam es auch vom Wasser, in dem es zur Hälfte stand und das sich in seiner glänzenden Oberfläche spiegelte. Wie auch immer, ich hatte das Gefühl, als würde das Ei mit mir sprechen.

Ok, ich wollte ja jeden Spuk mitmachen, dachte ich. Was wäre, wenn die gehäuften Negativitäten und die Peinlichkeiten von Udo wirklich auf eine Gedankenverstärkung im Ashram zurückzuführen wären? Und was wäre, wenn wirklich, wie die Devotees überzeugt sind, in allem versteckte Botschaften von Saraji oder wem auch immer enthalten sind? Was wäre, wenn das so wäre, die Botschaft für mich?

Ich sah das Ei an und ließ meine Gedanken vorbeiziehen. Kurz darauf ging mir die Melodie von „Freude schöner Götterfunken" durch den Kopf. Dabei huschten die Worte der zweiten Strophe aus meinem Langzeitgedächtnis nach oben.

„Wem der große Wurf gelungen, eines Freundes Freund zu sein, wer ein holdes Weib errungen, mische seinen Jubel ein, ja, wer auch nur eine Seele sein nennt auf dem Erdenrund! Und wer's nie gekonnt, der stehle weinend sich aus diesem Bund."

Es war eigentlich sehr einfach: Ich sollte nicht Freundschaften in Frage stellen, nur weil mein Freund ein Mensch ist und Schwächen hat. Ein solcher Perfektionsanspruch, wie ich ihn manchmal habe, ist einfach nicht dazu geeignet, mich glücklich zu machen, sondern eher das Gegenteil.

Außerdem sollte ich mich lieber um das Verbessern meiner eigenen Eigenschaften kümmern und nicht darum, welchen Weg Udo wann nimmt oder nicht. Ich sollte lieber jubeln, daß ich überhaupt einen Freund habe, der meinetwegen seinen Urlaub opfert und mit in den Ashram kommt, nur um mich zu unterstützen, weil ich auf gut deutsch Schiß hatte, alleine als Rationalist unter lauter Esoterikern zu sitzen. Die meisten

Esoteriker hier würden sich zwar nur als religiös und nicht als esoterisch bezeichnen, aber das war für mich sowieso kein Unterschied.

Die Erkenntnis tat mir einerseits sehr gut. Sie war erleichternd, bereichernd und stimmte mich sehr zuversichtlich und friedlich. Andererseits fiel mir sofort wieder auf, daß mehr als Innehalten und den gesunden Menschenverstand zu benutzen eigentlich nicht nötig war, um nach einem Tag wie heute zu diesem Ergebnis zu kommen. Man brauchte wahrhaftig keinen Guru, um herauszufinden, was man aus so einem Erlebnis lernen kann.

Unser Fehler im westlichen Alltag besteht vor allem darin, daß wir uns die Zeit für dieses Innehalten und Nachdenken nicht oder zu selten nehmen.

Ich1, ich bleibe dir treu, dachte ich, stand auf und ging ebenfalls in Richtung Bett. Allerdings hielt ich noch öfter inne und studierte den Sternenhimmel. Nie wieder wollte ich mich im „Himmel" langweilen, nahm ich mir vor.

△ △ △

Es sieht so aus, als würde der erste öffentliche Darshan erst wieder stattfinden, wenn wir bereits abgereist sind. Das wäre sehr schade, weil Ralf dann die besondere Stimmung dort nicht miterlebt und nicht mitbekommt, wie Saraji Vibuthi (heilige Asche) materialisiert und an die Menschen verteilt.

Häufig habe ich gehört, es solle immer mehr Menschen geben, die solche Kräfte haben. Deshalb habe ich ein wenig im Ashram herumgefragt, ob es nicht auch in Europa einen Avatar gibt, zu dem man gehen könnte. Alle, die ich fragte, kannten aber nur die vier bekanntesten in Indien und fertig.

Mir kam die Idee, Saraji zu fragen. Zwar schien mir das zuerst ein wenig verwegen, aber da er ja immer sagt, daß er nicht urteilt und daß wir ihm immer vertrauen können, dachte ich, ich frage trotzdem. Denn wenn Gott überall ist, dann kann es ihm ja eigentlich egal sein, wo ich ihn suche.

Vor der nächsten Gesprächsrunde hoffte ich daher darauf, er würde kurz bei mir stehenbleiben, so daß ich ihn fragen könnte, ob er einen Avatar in Europa kenne. Öffentlich wollte ich lieber nicht fragen, da ich mit wenig positiven Reaktionen von den anderen Devotees rechnete.

Wunderbarerweise tat Saraji mir auch den Gefallen, aber als ich ihn fragte, sagte er nur, daß ich mich verzetteln würde, wenn ich immer mehr und mehr Gurus suchen würde. Ich sollte mir einen suchen, dem ich vertraue, und bei diesem bleiben.

Wegen diesem – wie ich es empfand – „Anschiß" war ich etwas frustriert. Vielleicht urteilte er doch ab und zu und war nun böse auf mich?

Als ich später mit Ralf darüber sprach, sagte er mir, er glaube nicht, daß irgendein „echter" Gott dermaßen kleinlich denke. Er glaube eher, jede vernünftige Religion müsse dazu einladen, Gott überall zu sehen, und so gesehen würde man deshalb sowieso täglich zigtausend verschiedene Meister oder „Götter" treffen. Mal ist die Blume am Wegesrand mein Meister, mal ist es der Sternenhimmel, mal ein Mitmensch, mal mein Computer oder was auch immer, denn alles wäre ja Gott. Er persönlich glaube eher, daß Saraji sich auf dem „europäischen Markt der Gurus" halt nicht auskenne und deshalb auf diese Weise ausgewichen wäre. Außerdem hätte Udo ihm dazu mal gesagt, die Energie, die durch so einen Avatar fließe, sei nicht automatisch identisch mit seiner menschlichen Seite. Wenn das stimmen würde, täte ich besser daran, mich in einer Meditation an seine göttliche Seite zu wenden. Vielleicht könnte die mir eine Antwort geben. Ich solle es ihm allerdings sagen, wenn ich eine Antwort erhalten würde, denn das hätte für ihn dann auch eine große Bedeutung. Das verstand ich zwar nicht, aber er wollte nichts weiter dazu sagen.

Insgesamt fand ich, daß das, was Ralf sagte, schon wieder so logisch klang, und es verunsicherte mich wie so oft. Denn bei den vielen möglichen Wahrheiten weiß ich einfach gar nichts mehr.

Aus Mangel an Alternativen setzte ich mich vor den Lingam-Altar und versuchte zu meditieren. Ich nahm abwechselnd mit Saraji, mit meinem erfundenen Gott DIF von vor ein paar Tagen und mit dem Gott meiner Kindheit Kontakt auf, so verwirrt war ich. In meinem Geiste hielt ich allen dreien eine lange Entschuldigungsrede, warum ich gerne noch einen Avatar in Europa kennen würde, und bat um einen Hinweis.

Als ich schließlich aufhörte zu meditieren, sah ich, daß einer von den französischen Devotees hinter mir gesessen und ebenfalls meditiert hatte. Auch er brach nun ab und wir unterhielten uns ein wenig. Mein Französisch ist ganz gut, und mir war danach, ihm spontan von meiner inneren Frage an Gott zu berichten.

„Oh", plapperte er gleich drauflos, „oui, oui, ich kenne einen, er lebt in der Schweiz."
Ich war wie elektrisiert und starrte ihn begeistert an. „Wirklich?"
Der Franzose berichtete mir, daß es ein sehr junger Meister sei, noch unter 30 Jahre. Aber er könne ebenfalls Vibuthi, Lingame und andere Dinge materialisieren. Er gäbe regelmäßig Kurse in der Schweiz. Der Franzose hatte sogar eine Kontaktadresse der entsprechenden Seminarorganisation dabei.
Ich war völlig aus dem Häuschen, bedankte mich vielmals – bei dem Franzosen und innerlich bei DIF, Saraji und Gott – und rannte sofort zu Ralf, um ihm davon zu berichten. Er gratulierte mir zu dem Erfolg, schaute aber ein wenig komisch. Auch wollte er mir immer noch nicht sagen, was dies für eine Bedeutung für ihn hätte.

Elli hat mal wieder den Vogel abgeschossen. Sie bildete sich ein, noch so einen Zaubervogel wie Saraji in Europa treffen zu wollen. Als sie von Saraji keine Antwort darauf erhielt, ob es bei uns in Europa überhaupt einen gäbe, riet ich ihr (mehr aus einer logischen Konsequenz der letzten Tage heraus als aus wirklichem Glauben an den Tip), in einer Meditation den formlosen Gott zu fragen.
Ich bat sie, mich über das Ergebnis zu informieren, denn es wäre ein Hinweis darauf, daß man von diesem inneren Irgendwer auch Dinge erfahren könne, die über den bloßen gesunden Menschenverstand hinausgehen.

Es dauerte keine ganze Stunde, da war sie wieder da, Feuer und Flamme vor Begeisterung, denn die Methode hatte funktioniert. Sie hatte meditiert, und prompt hatte ihr danach einer der Franzosen einen weiteren Vibuthi-Maker in der Schweiz genannt.

Bei der Nachricht schwankte ich zwischen Erstaunen, einer leisen, unwirklich erscheinenden Ahnung, daß die Dinge, die wir hier erleben, doch nicht nur Spuk und Phantasie sind, und meinen immer noch vorhandenen Zweifeln. Andererseits war ich selbst an dieser neuen Botschaft interessiert, denn ich wurde doch zunehmend neugieriger und war erfreut über diese Möglichkeit, das Phänomen der materialisierenden Meister zu Hause weiterstudieren zu können.

Elli fühlt sich nun darin bestätigt, daß DIF, Saraji und Co. doch nicht werten, sondern bereit sind, dem Menschen alles zu geben, was er sich wirklich wünscht. „Die Lösung kommt nur meistens auf anderen Wegen, als man es sich denkt", meinte sie, als sie, immer noch freudestrahlend, wieder davontanzte.

Als sie weg war, ging ich Udo suchen, um ein ernstes Thema mit ihm zu besprechen. Nachdem ich ihn gefunden hatte, sprach ich mit ihm darüber, daß wir ja die öffentlichen Darshans mit der „Vibuthi-Show" verpassen würden und damit auch die Gelegenheit, Saraji beim Materialisieren noch mal genau auf die Finger zu sehen. Ich berichtete dann von Ellis neuestem Erlebnis und endete mit folgendem Vorschlag:

„Gesetzt den Fall, es ist wirklich möglich, all diese Dinge von irgendwoher zu materialisieren, dann stimmt zum einen mein bisheriges Weltbild nicht. Zum anderen bin ich aber dann davon überzeugt, daß, wenn ein Mensch es kann, alle es können, zumindest theoretisch. Entweder es ist möglich oder unmöglich, dazwischen gibt es nichts. Wenn es möglich ist, dann möchte ich wissen, wie es geht.

Was hältst du davon, wenn wir gemeinsam Ellis Meditationsmethode (von meinem Erlebnis gestern sagte ich nichts) ausprobieren und im Inneren fragen gehen, wie man materialisieren lernt? Wenn auch nur irgend etwas von alledem stimmt, was wir hier vorgesetzt bekommen, dann ist hier der Ort, über solche Fragen zu meditieren. Zu Hause werden wir kaum eine Antwort erhalten."

Noch während ich sprach, stieg mir ganz stark der süßliche Duft in die Nase, den Saraji immer an sich hat. Ich sah mich überall um, konnte ihn aber nirgendwo entdecken. Ich schnüffelte noch mal in die Luft und fing eine zweite deutliche Welle von dem Duft auf. Insgeheim verursachte mir das gleich ein schlechtes Gewissen. Die anderen waren ja der Meinung, daß er auch energetisch herumlaufen könne, ohne seinen physischen Körper mitzunehmen. Nun fühlte ich mich überwacht und ausspioniert, ein schlechtes Gewissen hatte ich außerdem. Vielleicht war es in Sarajis Augen Blasphemie, wenn ich wissen wollte, wie man materialisiert.

Udo hatte einen seltsamen Ausdruck in meinem Gesicht bemerkt und fragte, was los sei. Ich sagte es ihm, und er überlegte einen Moment.

„Eigentlich ist seine Botschaft doch immer wieder, daß er nicht wertet. Entweder schaut er dir nur einfach so zu, oder er wollte dir bereits eine Antwort eingeben. Ich glaube nicht, daß man sich in irgendeiner Weise vor ihm fürchten muß."

„Bei den vielen Regeln im Ashram fühle ich mich aber immer wie ein Kind, das gemaßregelt wird. Ich fühle mich nicht wie unter gleichwertigen Freunden, denen ich vertrauen kann, so wie dir."

Udo sagte, als ich gekommen sei, hätte er gerade über die Karmafrage nachgedacht, und er sei zu dem Ergebnis gekommen, daß ein Gott, in welcher Form auch immer, nicht derjenige sein könne, der wertet und urteilt. Gott könne man vertrauen, sonst wäre seine Existenz nicht logisch (ist sie überhaupt logisch? fragte ich mich, ließ ihn aber weiterreden).

Wenn nun aber Gott nicht werten würde und somit auch nicht derjenige sei, der uns für irgendwelche Dinge belohne oder bestrafe, was ja das Prinzip des Karmas ist, dann stelle sich die Frage, wer denn dann derjenige sei, der wertet und Karma erfindet? Es bliebe nur noch einer übrig, und das sei jeder Mensch selbst.

Udo verriet mir, in seiner Familie tauche seit Generationen immer wieder eine bestimmte unangenehme Krankheit auf, und zwar in genau dem Alter, in dem er sich gerade befinde. Er habe in dem Zusammenhang über Familienkarma nachgedacht und sei zu dem Ergebnis gekommen, daß allein sein bewußter oder unbewußter Glaube an dieses Familienkarma die Gefahr sei.

Udo war zu dem Ergebnis gekommen, daß er, wenn er wieder in Deutschland wäre, einen positiven Dienst an der Menschheit leisten wolle, die genaue Form war ihm noch nicht klar. Wenn er das täte, hätte er das

Gefühl, damit genug positives Karma zu sammeln, um das negative aufzuheben. Und in Wirklichkeit würde dieser Dienst am Menschen es ihm ermöglichen, genug positive Gedanken über sich selbst zu haben, um sich innerlich zu erlauben, als einer der wenigen in seiner Familie die Krankheit nicht bekommen zu müssen.

Ich fand, es klang nach einer durchaus hübschen Theorie. Vielleicht war ein Körnchen Wahrheit daran, daß der Mensch zu unbewußten Selbstbestrafungen tendiert, sehr wahrscheinlich sogar.

„Paßt auch das Thema Gruppenkarma und Erdbeben in deine Theorie?" fragte ich ihn allerdings. „Oder ist es nicht doch einfach nur Pech, wenn man in so einer Region lebt oder sich gerade dort aufhält?"

„Weiß ich nicht", war die knappe Antwort. „Aber nur, weil es vielleicht verschiedene Ebenen bei diesem Thema gibt und weil ich mit der Ebene des Untergangs einer ganzen Region überfordert bin, heißt das noch lange nicht, daß ich auf den niedrigeren Ebenen oder auf meiner persönlichen Ebene auch nichts tun kann. Ich tue die kleinen Dinge und verstehe vielleicht die großen irgendwann auch."

Dagegen war nichts zu sagen. Das machte ich im Geschäftsleben immer schon so, also nickte ich zustimmend.

„Aber eigentlich wolltest du doch in einer Meditation nachfragen, wie man materialisiert. Es war nicht meine Absicht, davon ganz abzulenken. Ich wollte mit der Karmatheorie nur noch mal sagen, daß meiner Ansicht nach nur einer urteilt, nämlich der Mensch selbst", nahm Udo den alten Faden wieder auf.

„Wenn du mir dafür nicht den Kopf abreißt, erzähle ich dir noch ein paar wilde Storys, die mir mal zu Ohren gekommen sind", sagte er.

„Nur zu, inzwischen bin ich abgehärtet. Ich muß es ja nicht glauben, vielleicht speichere ich es einfach unter ‚wer weiß, kann sein oder auch nicht' ab. Wenn dir das reicht, dann schieß los."

Offenbar reichte es ihm, denn er begann von einem alten Russen zu erzählen, der ihm berichtet hatte, daß er vor circa 20 Jahren mal ein Waisenhaus in Russland beliefert hätte, das ganz weit abseits gelegen war und zu dem die Öffentlichkeit keinen Zugang hatte. Dort lebten Kinder mit paranormalen Fähigkeiten, und neue Findelbabys wurden manchmal mit dazu aufgenommen. Der Sinn war der, daß man sehen wollte, ob die dazugekommenen Babys, die keine andere Realität kannten, beim Aufwachsen die paranormalen Fähigkeiten der größeren Kinder übernehmen würden, weil sie es für normal hielten.

Und wirklich, genau so sollte es gewesen sein. Die Kleinkinder sahen beim Heranwachsen, wie die anderen Kinder angeblich Dinge durch den Raum schweben ließen und ähnliches, und sie machten es einfach nach, weil es die „Geht-nicht-Grenze" in ihren Köpfen noch nicht gab. Sie imitierten einfach das, was sie sahen.

Ich zog nur eine Augenbraue hoch und machte eine Handbewegung, die besagte, daß ich die Information einfach nur abspeichern würde und fertig. Er sollte keinen Kommentar von mir erwarten.

Udo war zufrieden damit und fuhr mit einer zweiten Story auf, die ihm ein Amerikaner mal erzählte hatte.

Ein geistig schwerbehinderter kleiner Junge hatte eine Eidechse, bei der er sah, daß ihr die Beine nachwuchsen, wenn sie bei zu wilden Spielen mit ihm eines verlor. Der Zufall wollte es, daß das Kind bei einem Autounfall ebenfalls ein Bein verlor. Da der Junge aufgrund seiner Behinderung keinen verstandesmäßigen Kontakt zu seiner menschlichen Umgebung hatte, machte er einfach das, was er bei seiner Eidechse auch beobachtet hatte – er ließ sein Bein nachwachsen. Bis auf die Knorpel am Fuß sollte angeblich alles wieder nachgewachsen sein.

Diese Geschichte war womöglich noch märchenhafter als die erste. Ich nahm sie zur Kenntnis und schwieg.

Udo kam zum Ausgangspunkt zurück: „Falls auch nur irgend etwas an diesen Geschichten wahr ist, dann zeigt dies, daß nicht irgendein Gott uns etwas verbietet, sondern wir selbst. Gott hat keine Regel aufgestellt, die es verbieten würde, Dinge schweben, Beine nachwachsen zu lassen oder Vibuthi zu materialisieren. Die Menschen haben diese Regeln durch ihre beschränkten Glaubenssysteme selbst aufgestellt. Gott, der wirkliche und echte, kann deswegen meiner Meinung nach auch nicht dagegen sein, wenn wir anfangen, Dinge zu materialisieren. Ich glaube, es ist völlig legitim, wenn wir ihn danach fragen. Im Grunde fragen wir sowieso nur danach, wie wir unsere alten Glaubensprogramme löschen können."

„Klong, klong", ertönte es aus dem Speisesaal. Wir hatten so lange gequasselt, daß es Essenszeit war. Wir sahen uns an, halb enttäuscht, und sagten dann beide etwa gleichzeitig: „Laß uns eine fünfminütige Kurzmeditation machen. Wenn sie für eine Antwort nicht reicht, können wir nachher immer noch weitermachen."

Wir setzten uns also bequem hin, schlossen die Augen, stellten unsere Fragen und versuchten, uns zu entspannen und nichts zu wollen. So wie bei dem Beispiel von dem vergessenen Namen war es auf jeden Fall so, daß keine Antwort kommen würde, wenn wir sie erzwingen wollten. Vergessene Namen fallen einem erst wieder ein, wenn man akzeptieren kann, daß der Name im Moment weg ist, und wenn man sich keinen Streß deswegen macht.

Aber mir gelang es nicht, mir keinen Streß zu machen. Der Zeitdruck machte sich bemerkbar, und ich konnte es nicht lassen, eine schnelle Antwort erzwingen zu wollen. Es kam also keine.

Ich gab es auf und wartete, bis Udo seine Meditation ebenfalls beendete. Er öffnete die Augen mit einem verklärten Blick und erzählte, er habe die bisher stärkste Meditationserfahrung gehabt, seit er hier im Ashram sei. Innerlich habe er ein superstarkes gleißendes Licht gesehen, und es habe seinen ganzen Körper und sein ganzes Sein erfüllt. Dann sei Saraji im Geiste gekommen und habe ihm gesagt, daß Gott als erstes Licht geschaffen habe, und mittels des Wortes habe er aus dem Licht Materie entstehen lassen. Licht sei somit der Baustein, aus dem alle Materie bestehe. Zum Materialisieren wäre daher Licht nötig, und dieses Licht könne man durch seinen Glauben und seine feste Überzeugung, gemischt mit viel Vertrauen, innerlich herbeirufen. Wer es verstehe, das Licht zu nutzen und zu formen, der verstehe Materialisation.

Udo hatte eine rosige Gesichtsfarbe wie ein Baby bekommen. Es war das zweite Mal an diesem Tag, daß ich über das Ergebnis einer Meditation beeindruckt war. So ganz falsch war diese Theorie nämlich nicht. Im Internet hatte ich neulich von einem Experiment gelesen, bei dem Wissenschaftler zwei extrem starke Lichtstrahlen aufeinandergejagt haben, wobei kleine Materiekrümelchen herauskamen. Licht als Grundbaustein der Materie ist so falsch also nicht.

Allerdings war es so ähnlich wie die Sache mit dem vergessenen Namen – diese Information war sicherlich sowieso schon irgendwo in Udo abgespeichert gewesen und war ihm in der Entspannung halt jetzt wieder eingefallen. Seine Vision des Lichtes dazu war noch das Spannendste an der Sache, fand ich. Mein Verstand hatte wieder mit seiner Rationalisierungsarbeit begonnen.

Wir gingen zum Essen.

🧘 🧘 🧘

Vorhin waren einige neue junge Inder zum Bhajan-Singen da. Ralf und Udo hatten sich irgendwo verquasselt und das Singen verpaßt.

Da ich nach meiner Antwort zu dem europäischen Avatar allerbester Laune war, sprach ich die Inder einfach aus meiner sonnigen Stimmung heraus an. Sie waren eine halbe Stunde vor dem Singen erschienen, und wir unterhielten uns ein wenig über ihr Land und ihre Sitten. Ich tastete mich langsam mit dem Thema vor, wie streng die Sitten heutzutage immer noch wären, und sie erzählten sofort munter drauflos.

Der jüngste, der vielleicht 16 Jahre alt war, rollte bei der Frage fürchterlich mit den Augen. Einige junge deutsche Besucher des Ashrams hätten ihm schon erzählt, wie total frei wir bei uns wären. Bei ihnen dürfte man erst Händchen halten, nachdem man geheiratet hätte. Und die Mädchen dürften nie alleine verreisen. Entweder der Ehemann oder die Eltern müßten dabei sein, oder sie müßten zu Hause bleiben.

Ich wollte wissen, ob das auch gelte, wenn eine junge Frau eben nicht heiraten würde und schon 30 Jahre alt wäre. Die Regel galt dann immer noch. Sie dürfe dann nur mit den Eltern verreisen. Deswegen würden die Eltern ihre Kinder auch immer bald verheiraten wollen.

Ein anderer Inder berichtete von seiner Tante, deren Ehemann gestorben war. Sie hätte ein eigenes Reisebüro eröffnet und würde sehr viel alleine reisen, aber das wäre sehr riskant.

„Wieso riskant?" fragte ich ihn.

„Weil die Gesellschaft sie für ein solches Verhalten gegen die Traditionen hassen und verachten würde", antwortete er. Für die Mädchen wäre es schlimmer als für die Jungs, aber für die Männer würden andere Zwänge gelten. Über letztere wollten sie mir offenbar nicht so viel sagen, denn auf meine Frage hin diskutierten sie nur kopfwiegend in Telugu oder Hindi oder was auch immer es war und konnten sich zu keiner Antwort entschließen.

Dann begann auch bereits das Singen. Während ich laut sang, mußte ich im Inneren an das Gespräch denken. Es ist eigentlich kein Wunder, wenn eine Religion, die in einem Land mit derart strengen Traditionen entsteht, auch etwas streng ist.

Uns erscheinen die Regeln im Ashram streng, aber die jungen Inder eben hatten mir auch berichtet, Saraji sei überhaupt nicht streng. Er sei im Gegenteil sehr, sehr locker und rede mit den Menschen. Manche lehnten ihn deswegen auch ab, weil er sich nicht strikt genug an die Traditionen halte und oder sogar teilweise für eine Aufweichung der Regeln der alten Religionen plädiere. Für viele Menschen wäre er ein Gott und dürfe deswegen alles sagen, aber manche wären auch indigniert darüber.

Udo und ich haben über unseren Gesprächen frevelhafterweise sogar das Bhajan-Singen vor dem Essen verpaßt. Pfui über uns. Wider Erwarten machte uns Elli aber keinerlei Vorwürfe. Kurz nach dem Essen saß Saraji bereits wieder draußen, und alle beeilten sich dazuzukommen.

Mir war noch lebhaft Ellis erfolglose Anfrage nach dem europäischen Avatar in Erinnerung und die Tatsache, daß man durch Fragen an seine Intuition – oder von mir aus auch den inneren Gott – offenbar bessere Ergebnisse erhält. Dennoch konnte ich es nicht lassen und fragte laut, wie man materialisieren lernen könne.

Überraschenderweise kam sofort eine sehr klare Antwort: „Wenn du nichts mehr verurteilst und alles lieben kannst, wie es ist, dann wird dir die Kraft automatisch gegeben. Fang an, den Schmutz in den Ecken, die Blumen im Hof, die Menschen neben dir, dein Bett, deine Socken und alles zu lieben, dann näherst du dich der Fähigkeit zur Materialisation. Es wird damit beginnen, daß du Dinge kaum zu denken brauchst, und schon erscheinen sie in deinem Leben. Deine Wünsche erfüllen sich immer schneller, und am Schluß brauchst du nur noch die Hand aufzuhalten und Materie entstehen zu lassen.

Ihr macht im Westen den Fehler, euch vor intensiven Liebesgefühlen zu drücken. Ihr nennt sie kitschig und sentimental. Fang damit an, das kitschige, sentimentale Gefühl zu lieben. Wenn du Liebe für alles empfinden kannst, bist du am Ziel."

Ich war verblüfft über diese ausführliche Antwort und verneigte mich ganz gegen meine Gewohnheit und bedankte mich. Die Geste entfuhr mir automatisch. Währenddessen kam ich mir schon wieder albern vor, weil ich die Hände zusammengelegt hatte und vermutlich genauso andächtig aussah wie die größten Devotees. Aber Saraji hatte sich sowieso schon Udo zugewandt, der ebenfalls nicht den Mund halten konnte, sondern mit seinem Lichterlebnis in der Meditation vorhin herausplatzte.

„Das ist dieselbe Antwort aus einer anderen Perspektive", sagte Saraji. „Wenn du alles liebst, kommt das Licht zu dir. Und wenn du das Licht einlädst, lädst du die Liebe mit ein."

Ich bekam an dieser Stelle eine Gänsehaut und fühlte eine seltsame Aufregung in mir. Dieses Gefühl muß ich das letzte Mal als Kind kurz vor Weihnachten gehabt haben.

Mir kam der Gedanke: „Was auch immer wahr ist – ob es einen, zwei oder tausende von Göttern gibt oder gar keinen – eines ist auf jeden Fall klar: daß nämlich die sehr stark beschränkten Möglichkeiten des menschlichen Verstandes bei weitem NICHT alles sind, was das Leben uns zu bieten hätte, wenn wir uns nur für seine Möglichkeiten öffnen würden."

🧘 🧘 🧘

Ralf und Udo haben wieder viele neue Ideen und Konzepte. Sie haben Saraji sogar gefragt, wie man materialisiert, und eine wirklich tolle Antwort bekommen. Ralf sah ganz verklärt aus. Von mir kann ich das leider nicht sagen.

Mir ist aufgefallen, daß meine bisherigen Aufenthalte im Ashram irgendwie intensiver waren, ich habe viel mehr gespürt und mit dem Herzen gefühlt. Diesmal ist alles so verkopft, und es gibt soviel Hin und Her, ob Saraji ok ist, wie er ist, oder vielleicht nicht oder doch und ob die Devotees nicht alle spinnen oder doch nicht, oder, oder.

Mir reicht es jetzt! Ich bin nun mal kein Mann, und ich fürchte, ich finde dieses Licht im Inneren nie, wenn ich nur Ideen im Kopf wälze. Erleben und Fühlen ist das, was ich möchte, und darum halte ich mich jetzt von den Diskussionen fern.

Diesen Entschluß zu fassen stellte eine richtige Erleichterung für mich dar. Insgeheim habe ich auch den Verdacht, daß Ralf und Udo nur mit ihren eigenen Zweifeln kämpfen. Ralf will mir gegenüber immer nicht zugeben, daß er überhaupt welche hat, aber ich glaube, Männer haben viel leichter Zweifel. Mir macht das nichts, wenn er welche hat.

Nur bemerke ich gerade, daß ich da nicht mit hineingezogen werden will. Lieber mache ich mir weiter Illusionen über Gott, das innere Licht und so, als daß ich ein frustrierend ernüchterndes Konzept nach dem anderen in meinem Kopf wälze und das dann Realität nenne. Hah! Das mußte mal gesagt werden, zumindest zu mir selbst.

Ich fühlte mich in dem Moment so richtig als meine eigene beste Freundin und zog los, um auf eine intensive Fühltour zu gehen. Als erstes ging ich ein paarmal um das Heiligtum, Sarajis Wohnsitz, und schaute und fühlte im Vorbeigehen ganz intensiv, welche Ecken meine Aufmerksamkeit am stärksten auf sich zogen. Wenn sich eine Ecke besonders gut anfühlte, blieb ich einen Augenblick dort stehen und fühlte besonders tief hinein. Das tat mir so unglaublich gut, endlich wieder den Fokus auf dem Fühlen zu haben.

Nach einer Weile begann ich, im ganzen Ashram und im Garten umherzustreifen und alles zu erfühlen. Alles schien zu mir zu sprechen und mich willkommen zu heißen: „Hallo Elli, da bist du ja wieder. Schön, daß du uns besuchen kommst."

Ich mußte an eine Gruppe von Schamanen denken, die ich einmal getroffen hatte. Sie berichteten, daß sie zu Hause bei Heilsitzungen nichts anderes taten als zusammenzusitzen, sich gut miteinander zu fühlen und zu singen und zu tanzen. Die Aufgabe der Schamanen bestünde darin zu fühlen, wann die Energie durch das Singen, Tanzen und das Gemeinschaftsgefühl hoch genug war, um die Heilenergien zu rufen. Dann würden sie die Kräuter, Federn und sonstige rituelle Hilfsmittel auspacken und eine kurze Heilung durchführen. Bis die Energie durch das Singen hoch genug sei, würde es manchmal vier Stunden dauern und manchmal vier Tage. Das wisse man vorher nie.

Es war eigentlich so fürchterlich einfach. Mit offenen Sinnen durch einen Garten zu streifen, so wie ich es gerade tat, reichte oft schon aus, um sich vollkommen zu entspannen und glücklich zu sein. Ich beschloß, zu Hause auch Abende und Nachmittage am Wochenende einzurichten, an denen ich mit Singen, Tanzen und Wohlfühlen und vielleicht noch ein paar Spielen und Übungen die Energie erhöhen würde. Vielleicht würde ich immer noch ein Erlebnis von einem Devotee mit Saraji dazu vorlesen oder eine Kurzgeschichte mit einer spirituellen Wahrheit. Aber dieser Teil dürfte nie lange dauern.

Solche Pläne zu machen war für mich geradezu tollkühn, da ich eher ein wenig passiv veranlagt bin. Aber irgendeine Hummel hat mich diesmal im Ashram gestochen. Ich fühlte ein ganz dringendes Bedürfnis, meine Kenntnisse mehr umzusetzen und die Freude, die ich hier so oft verspüre, in dem auszudrücken, was ich zu Hause lebe und mache.

Sogar ein zweiter Gedanke war schon aufgetaucht – ich traute mich zwar kaum, ihn zu denken, aber er klebte hartnäckig an mir. Wenn ich in Indien bin, liebe ich es, Punjabis zu tragen. Sarees mit ihrer komplizierten Wickeltechnik sind mir zu umständlich. Eigentlich werden Punjabis vorwiegend von unverheirateten Mädchen getragen. Aber in den langen weiten Kleidern mit dem schönen Tuch dazu und den Pumphosen darunter sieht man immer aus wie eine kleine Prinzessin auf Reisen, und sie sind total bequem.

Nähen ist mein Hobby. Seit Tagen geht mir der Gedanke durch den Kopf, ob ich die indischen Mädchen nach indischen Modekatalogen fragen und zu Hause herumexperimentieren sollte, um eine Art „europäischen Punjabi" zu entwerfen. Die Stoffe und Muster müßten allerdings etwas anders sein, um in Europa nicht merkwürdig zu wirken. Aber den Schnitt finde ich einfach nur schön, und ich sehe nicht, warum er nicht auch bei uns Mode werden könnte.

Der bloße Gedanke, daß ich etwas so Großes wie eine neue Mode kreieren könnte, ist für mich zwar noch nicht richtig vorstellbar, aber mich reizt es dennoch, zumindest mal einen Punjabi für mich selbst zu entwerfen. Den könnte ich ja häufig tragen und schauen, wie die Reaktionen sind. Wenn er vielen gefällt, könnte ich anfangen, auch für andere welche zu nähen.

Mir wird zwar selbst bei diesem Gedanken leicht schwummrig, denn so initiativ zu werden ist einfach etwas ganz Fremdes für mich, aber ich fühle mich, als könnte die Umsetzung mein ganzes Leben verändern.

Natürlich würde ich jedem Punjabi, den ich verkaufen würde, auch ein Informationsblatt über Spendenmöglichkeiten an Sarajis Hilfsprojekte beilegen. Am besten finde ich die Schule mit internationalem Niveau, die er vor kurzem eröffnet hat und die er erweitern und auch den Armen zugänglich machen möchte.

Immer wieder hört man hier Geschichten von reichen indischen Familien, die ihre Kinder zur Ausbildung und zum Studieren nach England oder in die

USA schicken, und die Kinder suchen und finden dann Wege, um nie wiederkommen zu müssen.

Ausbildungen von der gleichen Qualität müßten einfach mehr im Inland geboten werden, damit die Inder, die hier leben, das Wissen ebenfalls bekommen und im Land umsetzen. Es hat doch keinen Sinn, wenn jeweils die intelligentesten und am besten ausgebildeten Leute auswandern, und zurück bleiben die, die wenig Ahnung von irgendwas haben. Wie soll da aus dem Land jemals etwas werden?

Es ist ein ganz merkwürdiges Phänomen. Mir ist schon ein paar Mal im Leben aufgefallen, wie Herzmeditationen und Fühlübungen bei mir bewirken, daß ich mein äußeres Leben anders in Angriff nehmen möchte. Allerdings müssen es Übungen sein, die ich mir selbst ausgedacht habe. Nur die bewirken, daß mir Ideen für mein Leben kommen.

Wenn ich nur die Bhajans nachsinge und das mache, was irgendwer anders vorgibt, dann fühle ich mich zwar sehr gut und drifte manchmal so richtig ab, oder das ganze Körpergefühl löst sich auf, aber diesen Schub an Eigeninitiative habe ich hinterher nie. Im Gegenteil, ich fühle mich oft abhängig vom jeweiligen Meister oder Lehrer, weil ich denke, nur er könne mir gute Gefühle vermitteln. Aber offenbar kann ich es selbst auch. Das ist mir nur noch nie so deutlich aufgefallen.

So begeistert ich gestern von den Erkenntnissen war, so sehr hatte ich heute morgen auch das Gefühl, mal wieder eine Umsetzungsphase einlegen zu müssen.

Das ist wie bei mir im Geschäft. Wenn wir zu lange konferieren, ohne konkret etwas zu tun, werde ich ganz kirre. Probleme und auch gute Ideen sind nun mal nicht zum Diskutieren da, sondern dazu, gelöst und umgesetzt zu werden.

Da ich eigentlich noch kaum mit dem Mantra meiner selbst ausgedachten Religion, dem „Ich bin glücklich mit mir selbst", meditiert hatte, fing ich heute morgen als erstes damit an. Ich lief ums Haus (das Wort Heiligtum für den Schuppen wird mir so bald nicht über die Lippen gehen) und wiederholte in Gedanken immer wieder den Satz „Ich bin glücklich mit mir selbst". Das machte mich wirklich glücklich. Vielleicht, weil das Gehen und Wiederholen des Satzes im Geiste mir das Gefühl gaben, etwas zu tun und nicht nur über neuen Ideen zu brüten.

Es wurde mein persönlicher Rekord. Ich ging eine ganze Stunde lang ums Haus und setzte mich dann in ungewöhnlich wohlwollender Stimmung zu einer Gruppe von Devotees dazu. Es schien, als würde ich automatisch auch die anderen mehr mögen können, wenn ich glücklich mit mir selbst war. Und so lachte ich ungewöhnlich viel mit Leuten, die mir bisher größtenteils ein wenig zuwider gewesen sind.

Nach einer Weile kam Udo dazu. Er hatte eine sehr gewichtige Miene aufgesetzt und sagte, er habe ein Erlebnis gehabt. Das viele Denken der letzten Tage habe er in der Hitze hier als regelrecht schmerzlich empfunden, und so habe er heute morgen beschlossen, noch ein wenig länger im Puja-Raum sitzen zu bleiben und die Erkenntnis von gestern umzusetzen. Er stellte sich ganz viel Licht im Herzen vor, und von dort aus wanderte sein Licht in alle Körperzellen.

Dabei sei ihm noch eine Zusammenfassung zu seiner Karma-Theorie von neulich eingefallen. Sie lautete: „Karma ist die Unfähigkeit, sich selbst bedingungslos zu lieben. Könnte man sich hingegen bedingungslos selbst lieben, so würde man sich auch vollkommenes Glück erlauben und es gäbe kein Karma."

Udo beschoß daraufhin, ab sofort soweit als möglich nur noch so zu leben und handeln, daß er keine negativen Urteile mehr über sich hätte damit dann auch kein negatives Karma mehr. Und jeden Morgen wollte er mit einer Herz- und Fühlmeditation beginnen. Er informierte mich, daß er gedenke, die restliche Zeit im Ashram mehr mit Fühlen als mit Denken zu verbringen.

Als ich ihm sagte, ich sei heute morgen schon zu einer ähnlichen Erkenntnis gekommen, blickte er etwas erstaunt drein, weil er geglaubt hatte, als einziger den Stein der Weisen gefunden zu haben. Zumindest sagte er das und mußte dann über sich selbst lachen.

Kurz darauf stieß Elli zu uns, und – Überraschung, Überraschung – auch sie war ausgerechnet genau heute morgen zu eben dieser Erkenntnis gekommen: lieber fühlen als denken.

Wir lachten alle drei und nahmen uns zu dritt in den Arm. Ausnahmsweise blieben die Kommentare der Devotees, körperliche Kontakte in der Öffentlichkeit seien in einem indischen Ashram nicht erlaubt, diesmal aus.

Statt dessen berichteten uns ein paar Devotees, daß sie glaubten, über das Thema Eifersucht um Saraji ein für allemal hinweg zu sein. Ihnen sei aufgefallen, daß der Mensch im Leben oft auch den Eindruck habe, Gott schenke ihm nicht genug Aufmerksamkeit. Dabei sehe Gott in diesen Momenten meist am genauesten hin, nur dem Menschen würde die Wahrnehmung dafür fehlen.

Saraji würde es genauso machen. Er würde absichtlich wegsehen und heimlich prüfen, wie der Devotee reagiere. Wenn dieser keine panisch irritierte oder eifersüchtige Reaktion zeige, dann bekomme er von Saraji wieder alle Aufmerksamkeit der Welt. Je eifersüchtiger aber die Reaktion sei, desto länger halte der Aufmerksamkeitsentzug an. Dafür müsse Saraji aber ganz genau hinfühlen, was im Inneren des Devotees vor sich ginge. Er würde diesem Devotee also in Wahrheit ganz viel Aufmerksamkeit widmen, nur merke dieser es nicht mehr, weil er unter Anspannung und Streß stehe.

Bei dieser Erklärung mußte ich zwar innerlich darüber schmunzeln, wie man sich doch alles zurechtlegen kann, aber die Hauptsache ist ja in dem Fall, daß sie sich diese kindische Eifersucht sparen, also gratulierte ich höflich zu der Einsicht.

Es schien so, als bestünde der ganze Tag nur aus Harmonie und positiven Gefühlen bei allen. Mir soll es recht sein, es kann gerne so bleiben.

🧘 🧘 🧘

Nun bin ich schon zum dritten Mal bei Saraji in Indien, aber er hat mir immer noch keinen Ring materialisiert. Ich bin davon ausgegangen, daß ich diesmal einen bekommen werde. Wenn ich ehrlich bin, war das einer der Hauptgründe, wieder herzukommen. Fast alle der regelmäßig wiederkehrenden Devotees haben einen Ring. Warum ich nicht?

Inzwischen sind es nur noch ein paar Tage bis zur Abreise, und noch immer habe ich keinen Ring bekommen. Ralf hat auch keinen, aber Udo. Manchmal verstehe ich Saraji nicht.

Wir haben Glück gehabt, denn die Darshantermine wurden eine Woche vorverlegt, so daß wir sie doch noch erleben können. Heute fand der erste bereits statt. Die Bude (Tempelhalle, beziehungsweise Mandir, wie man mich inzwischen über die richtige Bezeichnung aufgeklärt hat) war gerammelt voll. Etwa zweihundert Inder waren gekommen. Wobei sich deren Heiligkeit im Einhalten von Regeln auch in Grenzen hält. Der „Gottesdienst" beziehungsweise das Liedersingen fing eigentlich um 19 Uhr an. Als ich mich um 19 Uhr umsah, war noch fast keiner da. Um 19:30 Uhr war es halbvoll, und um 20 Uhr war alles voll. Das ist in etwa so, als würden bei den Christen alle Gläubigen den Gottesdienst schwänzen, aber zum Oblatenessen am Schluß plötzlich auftauchen.

Der Guru erschien bereits um 19:30 Uhr, setzte sich vorne auf seinen Thron und hörte dem Singen zu (und vielleicht schaute er auch, wie viele schon da waren und wer erst später hereintröpfelte – wer weiß). Danach sah er noch kurz von seiner bunt dekorierten Bühne herab und schwebte dann beim Volk ein.

Mit der dezenten Zurückhaltung, die uns Ashrambesuchern als erstes eingebleut wurde, hatten die Inder es allerdings gar nicht. Sie stürzten sich sofort auf ihn, klammerten sich an ihn, rissen an seinem Rock herum, küßten ihm die Füße und hielten sie fest.

Na danke, ich wollte kein Guru sein. Dieser Berufswunsch ist für die nächsten fünf Leben gestrichen.

Saraji zog nichtsdestotrotz megageduldig, das muß man wirklich sagen, durch die Reihen und war zu jedermann gleich freundlich und nett, so wie zu uns eben auch. Man hat im persönlichen Gespräch immer das Gefühl, mit einem Freund zu sprechen, dem man besonders wertvoll ist. Das Gefühl von Nähe, das er vermitteln kann, falls man offen dafür ist, es zur Kenntnis zu nehmen, ist wirklich beachtlich. Daß sogar ich das so erlebe, ist besonders erstaunlich, da ich ja ursprünglich nicht gerade auf der Suche nach guten Eigenschaften an ihm war. Die Inder sehen diese Art offenbar als Einladung zur Klammerattacke.

Aber egal, ich hatte meinen Fotoapparat und mein Teleobjektiv dabei und mir geschworen, immer genauestens auf seine Hände zu achten, für den Fall, daß er Vibuthi materialisieren würde. Ich wollte damit alle eventuellen Tricks sofort aufdecken.

Das Teleobjektiv war aber gar nicht nötig, da er direkt vor meiner Nase stehen blieb, einigen kleinen Jungs über die Haare strich und sich mit den Vätern unterhielt. Währenddessen fixierte ich seine rechte Hand (die, mit der er den Ring herbeigezaubert hatte, als ich das eine Mal dabei war), um irgendwann genau vor meiner Nase die Hand kurz auszuschütteln (ich konnte nichts Verdächtiges daran entdecken, ich hatte alles genau im Blick), mit dem Finger zu schnippen und graubraune Asche aus seiner Hand herausrieseln zu lassen.

Ich war perplex. Wenn es ein Trick eines Illusionskünstlers war, dann war es auf jeden Fall ein verdammt guter.

Die Devotees kamen auch sofort angedrängelt, denn jeder wollte Vibhuti in die Handfläche und in den Mund gerieselt bekommen. Ich bekam auch etwas in die Handfläche gerieselt. Etwa die Hälfte der Leute wurde berieselt, und er ging mehrmals durch die Reihen, um mit den Leuten zu reden.

Hinterher wurde mir von den größten Heilwundern berichtet, die bei oder nach so einem Darshan mit Vibuthi-Streueffekt schon passiert sein sollen. Wenn es denn wahr ist, dann geschehen die Wunder nicht nur direkt, sondern manchmal gibt er Leuten auch die skurrilsten Ratschläge: „Gehe dann und dann da und da hin und warte ab." Und genau an dem Ort ereignet sich etwas, was die Heilung bewirkt.

Einmal traf einer der Inder an dem beschriebenen Ort einen Touristen, der genau das richtige Medikament für ihn dabei hatte und es ihm schenkte, weil er selbst es nicht mehr brauchte. Wenn diese Fälle authentisch sind, kann man sie leider nicht nur mit dem bloßen Glauben des Patienten abtun, da diese merkwürdigen Zufälle mit in die Geschichte verwickelt sind.

Ich sage es selbst meinem eigenen Tagebuch ungern, aber dieser Urlaub hat eine große Veränderung in mir bewirkt. Es geht zwar nicht so weit, daß ich bereit wäre, hier bedingungslos irgendwas zu glauben, aber ich bin zum ersten Mal im Leben bereit, eine ganz andere Weltsicht als bisher zumindest für möglich zu halten.

Im Moment kann ich noch nicht einmal ausschließen, daß ich nicht eines schönen Tages zu einem erneuten Besuch wieder hier antrabe. Wozu ich mich allerdings nicht versteigen werde, ist, irgendwem davon zu erzählen oder womöglich noch Propaganda zu machen für einen materialisierenden und Heilung spendenden inkarnierten Gott. Ich bin ja nicht völlig bekloppt. Bis ich das glauben würde, wäre es noch ein sehr weiter Weg. Alles, was ich anerkenne, ist, daß es mir hier so gut geht wie eigentlich noch nie zuvor im Leben. Leichtfertige und voreilige Interpretationen, warum das so ist, werde ich aber auf keinen Fall von mir geben.

Zufrieden mit dieser Klarheit, die ich für mich selbst gewonnen hatte, ging ich nach dem Darshan noch einige Runden ums Haus und dachte in Gedanken mein Privatmantra: „Ich bin glücklich mit mir selbst, und ich liebe mich selbst bedingungslos." Diese Erweiterung fühlte sich heute gut an, und da in meiner Privatreligion das Baukastensystem je nach Tagesbedarf erlaubt ist, kann ich ja machen, wonach mir der Sinn gerade steht.

Die anderen Devotees und Besucher standen und saßen nach dem Darshan noch im Garten herum. Nach einigen Runden gesellte ich mich zu ihnen. Sie unterhielten sich über die Gruppen von Bettlern, die sich täglich um den Ashram drängeln. Bisher hatte ich meistens einigen von ihnen etwas gegeben. Saraji hatte zwar gesagt, wir sollten lieber Geld für seine Hilfsorganisationen spenden, aber ich sah keinen Grund, den Bettlern nicht auch ein paar Rupien zu schenken. Das war offenbar ein herber Fehler, wie ich den Gesprächen hier entnehmen konnte.

Zwar gibt es genügend wirklich arme Leute, die es trotz ernsthafter Bemühungen nicht weit bringen. Manche von ihnen sind auch Devotees und bringen sogar machmal Rezepte zum Darshan mit, die irgendein Arzt ihnen ausgestellt hat. Doch häufig können sie sich die teuren Medikamente einfach nicht leisten. Mitunter besorgt Saraji sie ihnen dann kostenlos und gibt sie ihnen zwei Tage später beim nächsten Darshan.

Offenbar gibt es aber auch hordenweise Bettler, die für indische Verhältnisse regelrecht reich sind, das Geld in ihren dreckigen Kartonverschlägen stapeln und nichts damit anfangen. Das hatte mir schon eine reiche indische Geschäftsinhaberin beim Einkaufen gesagt, und es war mir stark übertrieben vorgekommen. Sie hatte gesagt, die Inder hätten keinen Sinn für Qualität und Lebensstil, aber Geld hätten die meisten genug. Bei dem Gespräch hatte ich gedacht, sie würde vorwiegend von sich selbst sprechen, denn der Laden war völlig heruntergekommen, die Tapeten drekkig und zerfetzt, die Waren staubig und der Teppich versifft und löchrig.

Geld schien sie aber zu haben, denn sie berichtete stolz, daß ihre Söhne in London und den USA studierten und wieviel Geld sie dafür bezahlte. Wenn sie Geld dafür hatte, dann war es geradezu absurd, daß sie die vergleichsweise minimalen Beträge zur Renovierung des Ladens nicht ausgab.

Nun erzählten einige Devotees, Saraji habe schon sehr häufig und sehr vehement insistiert, man dürfe den Bettlern nichts geben. Wir sollten das nicht mit deutschen Maßstäben messen, denn in Indien könne nunmal niemand erfrieren, und daß die Hitze sehr träge mache, hätten wir wohl selbst schon bemerkt (das ist ohne Zweifel richtig, ich weiß nicht, wie lange ich hier so durcharbeiten würde wie zu Hause, wahrscheinlich gar nicht). Bei Menschen mit wenig Energie und Motivation führe das dazu, daß sie lieber betteln als arbeiten gingen, denn wenn ein unwissender Tourist ihnen 10 Mark gebe, dann sei das für sie ein ganzer Monatslohn für die Verrichtung einfacher Tätigkeiten. Also warum arbeiten, wenn man nur die Hand aufzuhalten braucht?

Bettler wären wie die Affen, die manchmal im Ashram auftauchen. Gibt man ihnen eine Banane, reagieren sie lieb und zufrieden – und sind am nächsten Tag wieder da. Mit lautem Gebrüll machen sie bereits auf sich aufmerksam. Gibt man ihnen erneut etwas, dann stehen sie wieder einen Tag später Zähne fletschend vor dem Essenstrog und können nur mit Stöcken und mit roher Gewalt von einigen starken Männern vertrieben werden.

Genauso sei es mit den Bettlern. Aufgrund der aggressiven Gier einiger Bettler gebe es sogar schon verschiedene Gesetze gegen manche dieser Verhaltensweisen, beispielsweise eines, das die absichtliche Verstümmelung von Kindern verbiete. Dieses Gesetz sei nötig geworden, weil einige der Inder darauf gekommen seien, daß verstümmelte Kinder beim Betteln am meisten Almosen bekommen.

Je mehr Geld man den Bettlern gebe, desto mehr verstoße man gegen dieses Gesetz, denn die Inder, die sehen, welche Geldmengen manche Touristen rausrücken (5 bis 10 Mark sind wie gesagt ein halber bis ganzer Monatslohn für sehr einfache Arbeiten), verstümmeln ihre Kinder nach wie vor.

Die gute Absicht in Ehren, aber man solle das Geld unbedingt nur den ortsansässigen Hilfsorganisationen geben, die einem von zuverlässigen Personen empfohlen werden. Denn diese Organisationen könnten unterscheiden, wer das Geld wirklich brauche und wer nicht.

Mir fiel unsere Ankunft am internationalen Flughafen in Bombay ein. Als erstes hatte uns ein Inder mit Vehemenz unseren Koffer auf Rollen aus der Hand gerissen, ihn circa zehn Meter weiter gerollt und uns wissen lassen, der Bus zum nationalen Flughafen für den Anschlußflug gehe erst in zwei Stunden. Wir würden daher besser ein Taxi nehmen, und das fahre genau hier ab. Mit diesen Worten hatte er auch schon die Hand aufgehalten. Ich hatte ihm gelangweilt ein paar Rupien gegeben und dafür von ihm einen Wutanfall geerntet. Er wollte einen Dollar haben und nicht ein paar Rupien. Quasi einen halben Wochenlohn dafür, daß er unseren Koffer zehn Meter weit geschoben und uns eine Information gegeben hatte.

So müde ich eigentlich war, so munter war ich bei dieser Forderung geworden und hatte ihm einen gehörigen Gegenanschiß verpaßt. Außerdem hatte ich etwa hundert Meter weiter einen Bus entdeckt und wollte wissen, wohin er fährt. Wir rollten unseren Koffer zur Haltestelle, und siehe da, es war der Bus zum nationalen Flughafen, und er fuhr in zehn Minuten ab. Elli hatte mich nur mit Mühe davon abhalten können, zurückzurennen und den Kerl für seine dreisten Lügen am Kragen zu packen.

Lediglich ein Amerikaner, der ebenfalls mit uns im Bus saß, tröstete mich mit seiner naiven Frage, ob es stimme, daß der nationale Flughafen erst um 7 Uhr morgens aufmache. Es war gerade Mitternacht, unser Anschlußflug ging um 2 Uhr morgens, und der Amerikaner war offenbar einem Vermittler von Hotelzimmern aufgesessen. Wir waren also nicht die einzigen, die mit der indischen Mentalität noch nicht vertraut waren. Im Bus hatte ich mir geschworen, kein zweites Mal so einfältig zu sein. Aber nun mußte ich feststellen, daß ich auf die Bettler scheinbar genauso hereingefallen war.

Ein Devotee schloß seinen Bericht mit der Geschichte von einem Arbeiter, die der mit den Affen ähnelte. Der Mann hatte neben dem Ashram gewohnt und zweimal Geld von Devotees bekommen. In der typisch indischen Sorglosigkeit war er daraufhin einfach einen Monat nicht zur Arbeit erschienen, da das erhaltene Geld ja für einen Monat reichte. Danach war der Job natürlich weg, und er kam, ähnlich aggressiv wie die hungrigen Affen, in den Ashram gestürmt und forderte mehr Geld.

Elli ergänzte noch, sie hätte vor zwei Jahren mal zwei Inderinnen gefragt, die mit ihren Familien in einem Bretterverschlag lebten, wie viele Sarees sie so hätten, und die Frauen hätten ganz stolz geantwortet, sie hätten für jeden Tag im Jahr einen – also 365!

365 Sarees und Bretterverschlag – so etwas geht in der Tat nicht in mein deutsches Hirn.

Laut Saraji sind die wirklichen Armen oft rehr dort, wo die Touristen nie hinkommen. Es sind zwar Millionen, aber es gibt auch Millionen halbreiche Faulenzer, die zu träge sind, um etwas mit dem Geld anzufangen oder gar bei der Hitze zu arbeiten, und bevor wir einem Armen Geld gäben, sollten wir an die verstümmelten Kinder denken und das Geld lieber einer Hilfsorganisation übergeben oder überweisen.

Indien sei extrem. Es gebe extrem heruntergekommene Menschen, die aggressiv und verlogen ohne Ende seien, andererseits aber auch extrem gutherzige und hilfsbereite Menschen. Man könne den Unterschied oft im Augenausdruck erkennen, wenn man genau hinschaue. Mit der warmen Gutherzigkeit und Hilfsbereitschaft eines meistens auch gläubigen und seine Familie liebenden Inders könne in Deutschland so gut wie niemand konkurrieren, aber mit dem Grad an Durchtriebenheit der gegenteiligen Sorte Inder auch nicht.

Na schön, dann habe ich das hiermit auch kapiert. Apropos Warmherzigkeit. Etwas Seltsames war geschehen: Vor diesem Gespräch hatte ich ja mal wieder einige Runden mit dem Mantra „Ich bin glücklich mit mir selbst" ums Haus gedreht. Bei der Gesprächsrunde von eben war es mir dann in den Sinn gekommen, daß ja auch diese Menschen letztlich nichts anderes wollten als glücklich mit sich selbst zu sein. Auf einmal schien es mir, als könne ich sehen, wo jeder mit seinem Glücklichsein gerade steht und auf welchen Wegen er versucht, glücklich mit sich selbst zu sein.

Es war, als könnte ich es förmlich greifen, wie jeder darum ringt, die Erlaubnis zur Selbstliebe im Außen und von den anderen zu bekommen, und wie er sich dabei selbst vernachlässigt und sich vom eigentlichen Ort des Glücks entfernt. „Finde das Glück in dir selbst und gib es dir selbst, sonst wird es dir keiner geben", fiel mir dazu ein.

Ein paar Minuten später überkam mich eine Welle von regelrechter Trauer, weil ich speziell bei zwei Devotees sehen konnte, wie verzweifelt sie im Außen etwas hinterherjagten, das in ihrem Inneren ungenutzt schlummerte. Diese Sichtweise hatte etwas Tragisches und Schmerzliches. Ich fragte mich, ob Saraji die Menschen womöglich immer so sieht und versucht, ihnen das Gefühl von Freundschaft zu geben, das sie sich selbst nicht geben können, um sie daran zu erinnern, wie es sich anfühlen müßte.

Mein erfolgsorientiertes Hirn dachte sofort, diese Trauer könne nicht der Weisheit letzter Schluß sein. Plötzlich kam mir die Idee, daß es eine Form von Arbeit ist, Arbeit an sich selbst, wenn man mit offenen Augen durch die Welt gehen und jeden in seinem wahren Sein erkennen will, aber ohne nur das Traurige daran zu sehen. Und ich stellte mir die Frage, ob ich nicht vielleicht sogar gerade deshalb so eifrig so viele Ideen in meinem Job umsetzte und so viel arbeitete, um nicht in die Verlegenheit zu kommen, womöglich zu bemerken, daß ich zur Abwechslung auch mal an mir selbst arbeiten könnte. Vielleicht scheut in Wirklichkeit jeder Workaholic nur die Arbeit in seinem Inneren?

Nach einigen Minuten des Vormichhinsinnens schien es mir aber auch so, als gäbe es bei jedem Menschen hinter seiner Fassade noch eine letzte Wahrheit und ein kleines verstecktes Licht im Inneren, das das Spiel im Außen gelassen beobachtet. Dieser Teil weiß auf geheimnisvolle Weise (oder glaubt zu wissen?!), daß eigentlich alles in Ordnung ist und keiner verlorengehen kann. So wie ein kleiner heiler Punkt oder Ursame, der in jedem vorhanden ist.

Es mag blöd klingen, aber bei einem der Franzosen hatte ich plötzlich das Gefühl, als könnte ich hinter dem Vorhang seiner tiefen Frustration ganz blaß so ein kleines heiles Licht hervorleuchten sehen. Ich starrte ihn in meiner Vision neugierig an. Auf einmal – scheinbar ausgelöst durch meine Aufmerksamkeit darauf – begann dieses Licht in ihm zu leuchten, und das blasse Pünktchen wurde zu einer ganz kleinen, aber zunehmend klarer werdenden Lichtkugel.

Der Franzose bemerkte schließlich, daß ich ihn ansah, und schaute zurück. Er war aber überraschenderweise nicht irritiert, sondern lächelte mich an und sprach irgendwas von Verbrüderung im Ashram und gemeinsamen guten Wünschen für Indien als ganzes Land.

Mit leichtem Herzklopfen schrak ich zurück, weil ich mich fühlte, als würde der Lichtpunkt in ihm durch seinen Mund zu mir sprechen. Mir wurde mulmig, und ich bekam fast Angst vor der Macht dessen, was ich da angerichtet hatte.

Aber hatte ich das wirklich, oder bildete ich mir hier nur täglich mehr seltsame Dinge ein? Ich beschloß, alle Gedanken von heute abend sofort aufzuschreiben und sie morgen durchzugehen und zu sortieren. Jetzt sofort wollte ich nicht mit dem Auseinanderdividieren und Analysieren beginnen, denn sonst würde ich diese Gedanken vermutlich die ganze Nacht im Kopf wälzen und kein Auge zutun.

Saraji riet immer wieder, inneren Frieden anzustreben. Ein Mensch, der inneren Frieden habe, schlafe auch in Frieden. Nur wer innerlich durcheinander wäre, könne vor lauter sich im Kreis drehenden Gedanken nicht schlafen. Bei dieser Ansprache fühlte ich mich zu hundert Prozent ertappt, und so wollte ich meine Gedanken schriftlich festhalten, um sie dann bis morgen ruhen zu lassen.

Gute Nacht also für heute.

🧘 🧘 🧘

Gestern abend war zum ersten Mal öffentlicher Darshan. Es herrscht immer eine ganz besonders feierliche Atmosphäre, wenn so viele Menschen kommen, und ich habe das Gefühl, noch viel mehr Kraft, Energie und Liebe mitnehmen zu können als an einem normalen Abend.

Bereits, als ich mich zum Singen hinsetzte, war ich ganz aufgeregt, so als würde ich Saraji gleich zum ersten Mal im Leben sehen, nachdem ich schon jahrelang von ihm gehört und gelesen hatte. Ich genoß das Gefühl ganz ungemein, denn es machte alles intensiver und bunter. Es fühlte sich an, als würde mein ganzer Brustraum strahlen und die Luft pulsieren.

Saraji kam schon bald dazu, als wir noch eine halbe Stunde zu singen hatten. Mir tat es richtig leid, ständig ins Gesangbuch schauen zu müssen, weil ich lieber nur ihn angesehen hätte. Auch als er schließlich zu uns herunterkam und durch die Reihen ging, war es einfach wunderbar. Die Andacht und Verehrung der Inder schien regelrecht auf mich überzuspringen, und ich genoß das Gefühl so wie bei einem kleinen Wunder.

Saraji materialisierte eine Menge Vibuthi, sprach mit vielen Anhängern und verteilte die Süßigkeiten, die einige als Dank mitbringen, wenn ein Wunsch, den sie Saraji gegenüber geäußert haben, in Erfüllung gegangen ist.

Nach dem Darshan war zwei Stunden Pause, und ich saß mit einigen Devotees und später auch mit Ralf im Garten. Wir gehen oft auch jeder seiner eigenen Wege. Trotzdem machen wir auch viel gemeinsam. Diese Mischung aus Freiheit und Nähe empfinde ich als großes Geschenk.

Gestern nacht war für mich aber sowieso die Nacht der Geschenke. Als Saraji zu uns nach draußen kam, saßen wir zunächst im Kreis. Seine eifersüchtigste Anhängerin stellte ihren Stuhl eiligst in die Nähe von seinem. Wir sind immer gehalten, respektvollen Abstand zu halten, aber diesmal ließ sie keinen besonders großen.

Als als Letzte noch eine Französin zur Runde dazustieß, setzte sie sich zunächst hinten hin, stellte aber fest, daß sie aus der Entfernung und wegen ihres nicht so guten Englischs nichts mitbekam. Sie nahm kurzerhand ihren Stuhl und stellte ihn vorne neben den von Miss Dauereifersucht. Miss Dauereifersucht (sie lebt schon jahrelang im Ashram) zog angewidert ihren Saree ein und fragte abfällig: „Was willst du denn hier?"

Saraji, der sich auf der anderen Seite mit jemandem unterhielt, drehte sofort den Kopf herum und wiederholte: "Oh, hast du gehört, sie fragt dich, was du hier willst?" An Stelle von Miss Dauereifersucht wäre ich ja vor Scham in Grund und Boden versunken, nicht so sie. Sie saß immer noch ganz herrisch und hochnäsig da, so als hätte sie die größeren Rechte an Saraji.

Saraji unterhielt sich weiter mit jemandem auf der anderen Seite und sagte nach etwa fünf Minuten beiläufig zu der Französin, sie könne sich direkt neben ihn setzen. Er fing dann ein Gespräch mit ihr an. Miss Dauereifersucht setzte ein Gesicht auf, das zu sagen schien: "Diese aufdringliche Französin – und unser gutherziger Saraji gibt ihr auch noch die Aufmerksamkeit, die sie sich hier so erschleicht."

Jeder Zweite im Rest der Runde hatte einen Ausdruck im Gesicht, als würde er denken: "Tja, Miss Dauereifersucht, das ist die Strafe für deinen Neid und deine Mißgunst – jetzt begünstigt er sie noch mehr, und zwar ganz sicher unter anderem auch deshalb, um dir eine Lehre zu erteilen." Diese Lehre war jedoch ganz offensichtlich mal wieder nicht angekommen.

Übrigens hat mir heute beim Frühstück jemand erzählt, daß Saraji Miss Dauereifersucht auf eine Mission nach Deutschland geschickt hat, wo sie irgendwas mit dem deutschen Verein zur Unterstützung der Spendenprojekte regeln soll. Sie ist furchtbar stolz auf den wichtigen Auftrag, aber jeder andere hier mutmaßt, daß Saraji sie wegschickt, um ihr eine weitere Lehre zu erteilen. Je eifersüchtiger sie ist, desto weiter schickt er sie weg. Manche glauben sogar, Saraji werde irgendein Ereignis in Deutschland erschaffen, so daß sie entweder ganz lange wegbleiben muß oder freiwillig nicht mehr wiederkommt. Wer sich nicht ändert und seine schlechten Eigenschaften ewig nicht ablegt, hat irgendwann seine Chancen im Ashram verspielt und wird in eine andere „Schule des Lebens" zurückgeschickt.

Es gab diesmal in der Runde nur einen Tee, und dann wollte Saraji wieder Caromboard, das indische Brettspiel, spielen. Da ich seit kurzem die Regeln kenne, wollte ich das Spiel gerne genau mitverfolgen. Leider hatte ich mich ungeschickt plaziert und konnte immer ein Drittel des Brettes nicht sehen. Wenn in der Ecke rechts vorne gespielt wurde, mußte ich mir ein wenig den Hals verrenken. Irgendwann fiel mir auf, daß der Platz neben Saraji heute noch leer war. Er muß immer leerbleiben, und nur auf seine persönliche Einladung hin darf sich jemand dort hinsetzen.

Mir kam ein verwegener Gedanke. Bisher hatte ich noch nicht im Traum daran gedacht, daß man Saraji auch darum bitten könnte, aber heute ließ ich es auf einen Versuch ankommen. Ich bat ihn in Gedanken darum, mich nach vorne einzuladen.

Eigentlich nahm ich nicht ernsthaft an, daß etwas derartiges auf meine gedankliche Bitte hin wirklich eintreten könnte. Außerdem sah ich auch so ganz gut, ich mußte mich nur manchmal ein wenig verrenken und saß auch dabei noch ganz bequem. Also machte ich mir keine weiteren Gedanken.

Fünf Minuten später hörte ich ihn sagen: „Come, sit here." (Komm, setz dich hierher.) Ich schaute auf, um zu sehen, wer diesmal der oder die Glückliche war, und konnte es kaum glauben, daß er mich ansah. Konnte es sein, daß er tatsächlich mich meinte? Während ich noch unsicher zögerte, riefen einige der Dauerdevotees: „Schnell, schnell, Elli, setz dich hin, bevor die Chance vorbei ist. Das ist eine besondere Ehre."

Nun sprang ich doch eiligst auf und setzte mich erfreut neben ihn. Nicht nur, daß ich nun das Spiel genau verfolgen konnte, Saraji bezog mich auch immer wieder in seine Scherze und Gespräche mit ein. In mir kam wieder das feierlich intensive Gefühl wie schon zuvor beim Darshan auf. Was für ein besonderer Tag dies war!

Ein Blick in die Runde der Gesichter vor mir war auch interessant. Viele verkniffen eifersüchtige Gesichter – „Warum die und nicht ich?" –, einige gelassene, nicht speziell interessierte und zwei bis drei wohlwollende, die mir zunickten, wie um mir zu gratulieren. Sie schienen sich mit mir und für mich zu freuen. Unter ihnen war auch die Frau, die, seit wir da sind, immer die häufigsten und längsten Interviews bekommt. Kein Wunder, Saraji irrt sich eben nie.

Es wurden gestern abend sehr viele Runden gespielt, und obwohl es mir sehr viel Spaß machte, das Spiel genau verfolgen zu können und neben Saraji zu sitzen, wurde ich irgendwann gegen 2 Uhr morgens schlagartig sehr müde. In Gedanken dachte ich: Ach Saraji, sei doch so lieb und gewinne bei diesem Set so viele Punkte, daß dein Team die Runde gewinnt, und laß uns dann das Spiel beenden und ins Bett gehen. Dann fiel mir ein, daß man Saraji nicht mit „du" und auch nicht mit „Sie" anreden darf, sondern nur in der dritten Person. Man muß also sagen: „Darf ich Saraji etwas fragen?" anstatt „Darf ich dich etwas fragen?"

Während ich darüber nachdachte, ob das auch bei Fragen gilt, die man in Gedanken stellt, verlor ich den Überblick über den Spielstand. Plötzlich wurde das Spiel zusammengeräumt, ohne daß mir klar war, wie das so schnell gegangen sein konnte. Saraji sah meine Verwirrung: „Wir haben noch nicht gewonnen. Aber es ist schon spät, und deshalb hören wir auf, ohne das Spiel zu beenden. Es ist Zeit, schlafen zu gehen."

Ich sah ihn verblüfft an, das hatte er noch nie gemacht. Manchmal wurde bis drei oder vier Uhr morgens gespielt. Und heute wünsche ich mir kaum das Ende des Spiels, und schon ist es da. Kann es sein, daß er wirklich meine Gedanken gelesen hat?

Heute morgen beim Frühstück berichteten einige Devotees, daß er sich heimlich seine Spieler aus der letzten Runde wieder eingesammelt und sie dann zu viert die ganze Nacht durchgespielt hätten.

Ich wage es kaum zu glauben, aber das hört sich noch mehr so an, als hätte er mir zuliebe das Spiel unterbrochen und uns ins Bett entlassen. Oder vielleicht hatten ja mehrere gleichzeitig darum gebeten, ins Bett zu dürfen. Nur wegen mir – das erschien mir doch zu ungeheuerlich.

Als ich einer Anhängerin davon berichtete, lachte sie nur und sagte, solche Sachen würde er gerne machen. Solange wir nicht in Pein und aus Mangelgefühlen heraus etwas erbetteln und erzwingen wollten, würde er es lieben, uns all unsere kleinen, noch so unwichtigen Wünsche zu erfüllen, nur um uns zu zeigen, daß wir ihm wichtig seien und weil er es liebe, uns mit kleinen Geschenken glücklich zu machen.

Mich machte diese Vorstellung auf jeden Fall sehr glücklich. Als ich ganz aufgeregt Ralf davon erzählte, strich er mir grinsend über den Kopf und meinte, ihm müßte ich meine Wünsche leider noch laut mitteilen, aber dann würde er sie mir auch gerne erfüllen. Sogar um die halbe Welt würde er für mich reisen.

Wie lieb von ihm. Mein Glücksgefühl von gestern wurde gleich wieder bestärkt.

Udo, Elli und ich haben uns zu einer Mitternachtsmeditation bei Vollmond in den Garten verzogen. Wir haben uns alle drei vorgestellt, wir würden mit unserem Privatgott (Ich1, JOIN US und DIF) Kontakt aufnehmen, und Elli sagte uns, wir sollten uns besonders darauf konzentrieren, die Verbindung mit dem Herzen zu fühlen.

Zuerst konnte ich mir das trotz allen guten Willens, mal alle Verrücktheiten mitzumachen, irgendwie nicht vorstellen. Dann fiel mir ein, wie ich mein Herz manchmal spüre, wenn ich mit Elli zusammen bin. Dieses Gefühl stellte ich mir nun in Verbindung mit ICH1 und meiner Intuition vor. Und, oh Wunder, es ging. Ich schwebte in diesem Gefühl regelrecht davon und fühlte mich wie halb in Trance. Die esoterische Droge hatte mich offenbar in ihren Bann gezogen – es war mir aber egal, ich genoß das Gefühl.

Auf einmal wurde es allerdings wirklich schräg. Ich fühlte mich wie Alice im Wunderland (oder Alicius) nach der Einnahme seltsamer Zaubertränke. Es war, als würde mein Hals drei Meter lang werden, und der Kopf schien weit über der Erde zu schweben – ein sehr lustiges Gefühl. Als nächstes fühlte es sich an, als würden die Arme immer länger werden. Diese Reise durch meine Körperwahrnehmung war ein völlig neues Erlebnis, aber sehr amüsant.

Plötzlich war jedoch alles wie abgeschaltet. Nun nahm ich meinen Körper gar nicht mehr wahr. Ich versuchte zu spüren, ob ich die Hände im Schoß gefaltet oder offen auf den Knien liegen hatte – ich hatte keine Ahnung. Meine Hände waren „unfühlbar" geworden. So ging es mir mit dem ganzen Körper. Ich hatte vergessen, wo und auf was ich saß, und ich konnte es auch nicht mehr spüren. Es war, als wäre der Körper verschwunden und nur noch ich da.

Langsam wurde mir klar, daß ich mich in einem ganz besonderen Bewußtseinszustand befinden mußte. Augenblicklich erwachte der geschäftstüchtige Verwerter in mir, der jede sich bietende Gelegenheit zu nutzen weiß. Ich rief nach ICH1 und hatte ein warmes, berührendes Gefühl, als stünde mein bester Freund neben mir – allerdings einer, wie es ihn ganz so nah und vertraut im wirklichen Leben nicht gibt. Irgendwie war ich es eben doch selbst. Darum hieß er ja auch ICH1, dachte ich.

Da ich so viel wie möglich von der Situation profitieren wollte, fragte ich in Gedanken: „Was macht im Leben wirklich glücklich?" Augenblicklich tauchte die Antwort auch schon in mir auf: „Die Lebensaufgabe, die man sich vor der Geburt ausgesucht hat, auch zu leben. Je weiter man sich davon entfernt, desto unglücklicher wird man."

Ich kam gar nicht dazu zu denken, woher man denn wissen könne, was die Lebensaufgabe sei, als mir schon in den Sinn kam, man müsse dem Pfad des eigenen Wohlgefühls, verbunden mit der Intuition, folgen und würde automatisch dort landen. Das war das, was ich im Geschäft sowieso machte. Noch nie habe ich einen Auftrag von Kunden angenommen, gegen die mein Gefühl sich sträubte, und ich bin immer gut damit gefahren.

Was könnte ich noch fragen? überlegte ich in meiner Gier, nichts zu verpassen. Mir fiel etwas ein. „Die Devotees hier behaupten, der Mensch hätte keinen freien Willen. Das ist doch der letzte Unsinn auf Erden. Sag du was dazu, ICH!" Sofort kam eine Antwort von so beeindruckender Schönheit, wie ich in dem Moment fand, daß ich platt war und das Gefühl hatte, innerlich noch weiter abzuschweben.

„Wer nur sein Leben ändern will, ohne sich selbst zu ändern, wird wenig Erfolg haben. Denn wir handeln automatisch nach dem Muster unserer Gedanken und Charaktereigenschaften. Wir sind nur scheinbar frei im Handeln. Die wirkliche Freiheit liegt im Denken und im Entwickeln verschiedener Charaktereigenschaften.

Sobald du dein Inneres änderst, ändert sich jedoch dein Leben automatisch. Nicht die Handlungen geben deinem Leben die Form, sondern deine Gedanken und Charaktereigenschaften, denn du kannst nur entsprechend deiner inneren Qualitäten handeln, auch wenn du es nicht merkst."

Das leuchtete mir ein, man brauchte kein Esoteriker zu sein, um das zu verstehen. Ich fand die Aussage genial.

Es kam noch ein Nachsatz: "Das Leben ist wie ein Kuchenteig. Es ist immer derselbe Teig, aber mit deinen Gedanken und Charaktereigenschaften gestaltest du die Kuchenform und gibst dem Leben, das ewig nur eins und immer das Gleiche ist, deine individuelle Form."

Langsam bekam ich mit, daß Udo und Elli sich schon wieder leise flüsternd unterhielten. Ich löste mich nur ungern aus meinem Zustand und wackelte als erstes langsam mit den Zehen, die ich dadurch auch wieder zu spüren begann.

Beim "Ausstieg" aus der Meditation rief mir meine innere Stimme noch einen Satz hinterher: "Wer an sich selbst arbeitet, erspart sich viele Handlungen im Außen. Die äußere Arbeit wird leichter und effektiver und macht mehr Spaß, wenn man sich von innen führen und inspirieren läßt."

Weiß ich doch schon, dachte ich, als ich die Augen öffnete. In meinem Geschäft programmieren auch die intuitiven Leute am besten – die, die noch einen Hauch von Kindlichkeit in sich haben und manches Mal ganz schön nerven können mit ihren Albernheiten. Für solche Erkenntnisse brauche ich keine Esoterik, das nenne ich gesunden Menschenverstand und Intuition. Ist doch klar, daß ein verknöcherter Typ, der sich nur an alte Regeln hält, nichts Neues erfinden wird.

Wieder angekommen im Hier und Jetzt fand ich das körperlose Gefühl viel aufregender als die Sätze, die mir eingefallen waren. Dies erzählte ich Udo und Elli. Udo meinte trocken, das wären die Segnungen der Ahnungslosigkeit. Die ersten Male könne man über solche Erlebnisse noch in Begeisterung verfallen, aber schon ab dem dritten Mal trete der Gewöhnungseffekt ein.

Ich sah ihn etwas säuerlich an, und er grinste entschuldigend und meinte, JOIN US hätte ihm gerade eine Strafpredigt zu dem Thema gehalten. Da ich noch beleidigt war, weil er mich als „ahnungslosen Anfänger" abgetan hatte, sagte ich gar nichts, aber Elli wollte mehr von seinen Erlebnissen wissen.

Udo berichtete, er hätte durch die Konzentration auf das Fühlen mit dem Herzen auf einmal alle Sinne sehr intensiv wahrgenommen. Die Geräusche Indiens schienen sich in ihre einzelnen Komponenten aufzulösen, und er hörte alles ganz genau. Er spürte die milde, warme Luft an jeder Pore seiner Haut, die Atmosphäre und das Lebensgefühl Indiens schienen ihn deutlich wahrnehmbar zu durchdringen, und er erlebte sich ganz stark und lebendig im Augenblick des einfach nur Dasitzens im Garten.

JOIN US hatte ihn dann gefragt, ob ihm bewußt wäre, daß er diese Situation und diesen Teil der Einheit ausgesucht und erschaffen hätte. Als Erklärung erfolgte dann ein kurzer Vergleich: In der Einheit wäre nichts erfahrbar, so wie auf der Erde. Wenn alle Farben auf einmal da wären (eben in Einheit), herrsche nur noch weiß vor. Alle Gefühle auf einmal würden sich ebenfalls aufheben, und alle Geräusche auf einmal würden zu völliger Stille führen.

Je mehr Dinge auf der Welt man schon kennen würde, desto schwieriger wäre es, das Gefühl zu haben, etwas Besonderes zu erleben. Die Wahrnehmung würde die Eindrücke vermischen und Weiß, Stille und Emotionslosigkeit daraus machen.

Udo solle öfter ein „inneres Indien", in dem es so vieles NICHT gibt, mit sich herumtragen und das Vorhandene bewußt genießen. JOIN US nannte ihn einen Schläfer, der Indien als Medizin zum Aufwachen bräuchte. Er solle den Tag mehr erleben und erspüren, statt ihn nur intellektuell aufzunehmen. Dem Herzen würde nicht langweilig, sondern nur dem Verstand.

Elli hatte etwas ganz anderes erlebt. Ihr war schon bald danach, wieder die Augen zu öffnen. Sie hatte kleine Steinchen aufeinander gehäuft und Blätter und sonstige Krümel drum herum dekoriert. Ihre innere Stimme hatte sie dann darauf aufmerksam gemacht, wie schön „Tun, Handeln und Erschaffen" wären. Sie solle nicht nur im Spirituellen „herumhängen" und die Materie verachten, sondern ihre Schönheit mehr schätzen und damit spielen.

So hatte wieder jeder für sich selbst das erschaffen und sich die Antworten ausgedacht, die ihm im Moment am meisten gaben.

Udo fing nach Ellis Bericht an, eines der Mantren vom morgendlichen Singen zu summen, und Elli und ich fielen laut mit ein. In Gedanken bedauerte ich, daß niemand die Situation filmen und sie meinen Mitarbeitern zeigen konnte. Die würden allesamt ohnmächtig am Boden liegen oder es für eine gelungene Bildbearbeitung am PC halten (bei der mein Kopf nur in die Szene hineinkopiert ist).

Na gut, ich gebe zu, ich würde nicht wirklich wollen, daß mich einer so sieht. Aber der Gedanke an die fassungslosen Gesichter erheiterte mich.

Mir geht es plötzlich sehr schlecht, obwohl ich gerade erst so eine schöne Meditation mit Ralf und Udo gemacht habe. Aber mir ist eingefallen, daß wir schon übermorgen abreisen. Nicht nur, daß ich immer noch keinen Ring bekommen habe, ich habe das Gefühl, Saraji schneidet mich.

Ja, ja, ich weiß, das ist das Hauptthema hier im Ashram. Fast jeder macht diese Eifersuchtserlebnisse durch, und je mehr man leidet, desto länger wird man von Saraji geschnitten. Er sagt auch ganz oft, daß er manche Devotees eine Zeitlang zu bevorzugen scheint und ihnen ganz viel Aufmerksamkeit gibt, damit ihr Ego sich aufbläht. So könne es danach leichter platzen, wenn er ihnen schlagartig gar keine Beachtung mehr schenke.

Das System ist mir vollkommen klar, und wir haben uns schon oft über die an Eifersucht leidenden Devotees lustig gemacht. Eine Frau beispielsweise ist für jeden deutlich sichtbar dauereifersüchtig, obwohl sie selbst glaubt, sie sei über das Thema hinweg. Sie hat auch erst ganz spät einen Ring bekommen, und er ist ihr irgendwann kaputtgegangen. Das ist, als hätte Saraji ihn ihr wieder weggenommen. Sie hat dann nie wieder einen neuen bekommen.

Außer ihr wundert das niemanden, denn sie kann sich fast nie mit jemand anderem freuen, wenn er Aufmerksamkeit oder ein Schmuckstück bekommt. Statt dessen versucht sie auf ganz gehässige Weise den Leuten das, was sie bekommen haben, madig zu machen, indem sie sagt, es wäre nicht besonders schön, eher ein ganz unbedeutendes Modell, und lauter solche Dinge. Sie verdirbt den Leuten in ihrem Neid konsequent den Spaß an ihren Geschenken. Und so wundert es auch niemanden, daß sie keinen neuen Ring bekommt.

Aber das Verrückte ist, obwohl ich das alles weiß, bin ich nun genauso. Ich könnte platzen vor Eifersucht, weil Ralf im Moment viel mehr Aufmerksamkeit bekommt, und ich bin total deprimiert und auch regelrecht sauer auf Saraji, weil ich noch immer keinen Ring habe. Es ist ungerecht, und ich bin deshalb böse auf ihn. Obwohl ich weiß, daß genau dieses Gefühl mir die Situation beschert, kann ich es nicht abstellen.

Vorhin hat vor meiner Nase eine Frau, die zum ersten Mal da ist, ihren zweiten Ring bekommen. Natürlich habe ich mich sofort gefragt, warum sie zwei bekommt und ich keinen. Ich mußte weggehen, damit niemand sehen konnte, daß ich Tränen in den Augen hatte. Dabei weiß ich auch bei dieser Frau, warum sie so viel bekommt. Mehrmals schon habe ich mitbekommen, wie sie sich so richtig von Herzen für einen anderen freute, als derjenige etwas Besonderes von Saraji bekam. Sie freut sich an der Freude der anderen mit, statt neidisch zu sein. Genau dafür wird sie belohnt.

Ich weiß es, und trotzdem koche ich vor Eifersucht. Wie kann ich das bloß abstellen? Mit dem Verstand geht es ja offenbar nicht, denn ich weiß es doch alles.

Elli kam gerade eben heulend ins Zimmer. Sie verkraftet den Aufmerksamkeitsentzug von Saraji so kurz vor der Abreise nicht. Das Witzige daran ist, daß sie davon überzeugt ist, durch ihr Verhalten und ihr Denken die Situation selbst zu verursachen, aber sie kann es trotzdem nicht abstellen.

Sie meinte, ihr Verstand und das Wissen würden ihr gar nichts nützen, solange sie etwas anderes fühle. Saraji würde zwar immer sagen, man habe die Wahl, wer man sein wolle, aber sie würde von der Wahl nichts merken. Sie würde sich dem Gefühl ausgeliefert fühlen. Sie war völlig deprimiert und ging wieder in den Garten, um mit sich selbst allein zu sein.

Eigentlich hatte ich ihr heute vorschlagen wollen, ins Luxushotel umzuziehen, aber das kann ich total vergessen. Sie wird hier ausharren wollen bis zur letzten Sekunde, in der Hoffnung, doch noch in irgendeiner Form Aufmerksamkeit zu bekommen. Wobei ich zugeben muß, daß ich selbst ein unbefriedigendes Gefühl hätte, wenn ich jetzt abreisen würde. Es ist, als wäre etwas noch nicht ganz zu Ende, als würden wir das letzte Kapitel oder das Finale verpassen.

Also, was soll's, die Gelegenheit, mich in Luxushotels einzunisten, habe ich oft genug. Udo allerdings hat beschlossen, wirklich umzuziehen. Er hat das Gefühl, hier alles erlebt und erledigt zu haben, und will an den Pool. Soll er doch, nur zu.

🧘 🧘 🧘

Eigentlich wollte ich mich in eine Ecke im Garten zurückziehen, um alleine zu sein. Das hat aber nicht so ganz geklappt. Als ich die Ecke ansteuerte, die ich mir ausgedacht hatte, saß schon eine Frau da. Sie war für zwei Wochen mit ihrem Mann hier gewesen, und er war vor zwei Tagen abgereist, während sie noch eine Woche länger bleibt. Sie sah auch nach einer ziemlich miserablen Stimmung aus.

Als sie meinen Gesichtsausdruck sah, lud sie mich ein, mit in die „Leidensecke" zu kommen. Ich war so neugierig, warum es ihr schlecht ging, daß mein eigenes Drama etwas verblaßte und ich lieber wissen wollte, was bei ihr los war.

Eigentlich hätte sie glücklich sein müssen. Ihrem Mann war es nämlich vor der Abreise genauso gegangen wir mir. Er war plötzlich überhaupt nicht mehr beachtet worden und daraufhin regelrecht ausgetickt. In panischer Verzweiflung war er überall herumgerannt und hatte gehofft, Saraji würde ihn zum Interview rufen. Mal war er wütend, dann wieder hatte er Tränen in den Augen, wenn Saraji statt dessen jemand anderem, der noch viel länger dablieb als er, ein stundenlanges Interview gewährte und ihm nicht. Er schien wirklich an Saraji zu hängen und unter dem Verlust zu leiden. Die Frau litt mit und war schon ganz fertig mit den Nerven. Ihr Mann und auch sie taten uns allen leid.

Wir hatten dann am Tag der Abreise ihres Mannes ein Grüppchen geformt, das beim Umshausgehen Saraji in Gedanken bat, ihrem Mann doch noch irgendein Geschenk oder ein Interview zu geben. Sie selbst hatte sogar zu Saraji gesagt (auch in Gedanken), sie sei bereit, zu Gunsten ihres Mannes auf alles zu verzichten. Lieber solle er ihr nichts geben, aber dafür ihrem Mann, weil sie nicht wollte, daß er so verzweifelt und traurig ist.

Als ihr Mann schließlich mit uns allen als Abschiedskomitee vor den Toren stand und seine Taschen ins Taxi lud, kam auf einmal Saraji von hinten ums Haus herum und verabschiedete sich von ihm. Er sprach ein paar Minuten sehr herzlich mit ihm, segnete ihn und materialisierte ihm auch noch einen Ring. Der Mann hatte schon wieder Tränen in den Augen, diesmal allerdings vor positiver Rührung, und wir freuten uns alle sehr für ihn.

Das war vor drei Tagen, und ich dachte, seine Frau, die hier mit einem so elenden Gesichtsausdruck herumsaß, hätte nun allen Grund, glücklich zu sein. Sie seufzte schwer und sagte mir, sie sei im Internet-Café gewesen, und ihr Mann hätte ihr bereits ein e-Mail von zu Hause aus geschickt. Er sei stocksauer gewesen, denn Saraji hätte ihm eine Frage nicht beantwortet. Er ist in seinem alten Job nicht mehr glücklich und hatte gehofft, Saraji würde ihm sagen, was er statt dessen machen solle und was seine wirkliche Berufung sei. Saraji hätte auf seine Fragen hin aber immer sehr ausweichend geantwortet. Was das solle, wollte er wissen. Entweder er wäre ein Gott, dann müßte er die Antwort auch wissen, oder er wäre eben keiner.

Saraji hätte seine Chancen bei ihm verspielt, er würde nie wieder nach Indien reisen. Er wäre ihm jeden Beweis dafür schuldig geblieben, daß er irgendwelche besonderen Qualitäten hätte. Von sich selbst war er allerdings überzeugt, daß er etwas ganz Besonderes wäre und eine Menge auf dem Kasten hätte. Er wußte nur nicht, was.

Auf gut deutsch: Er war der Meinung, daß Saraji nichts

taugte, aber er selbst hatte überragende Qualitäten, die er nur – überraschender Weise – noch nicht kannte! Und ausgerechnet Saraji, der ja angeblich nichts taugte, sollte IHM nun sagen, was seine Qualitäten und seine Berufung wären.

Seine Frau war völlig schockiert darüber. Saraji hat schon so vielen Menschen geholfen, Schulen, Krankenstationen und alles gebaut und zumindest seine Qualitäten als Mensch vielfach unter Beweis gestellt. Ihr Mann hatte noch keinen nachdrücklichen Beweis seiner eigenen Qualitäten geliefert, stellte aber die Bedingung an Saraji, ihm seine Berufung nennen zu müssen, da er ansonsten dessen Qualitäten in Frage stelle.

Das war absurd und völlig konfus. Am wütendsten war die Frau darüber, daß sie, wie sie meinte, ihr eigenes Geschenk von Saraji geopfert hatte, nur damit ihr undankbarer Mann eines bekam, was ihm nun gar nichts bedeutete. Er hatte es bloß als kurzfristiges Pflaster für sein übermächtiges Ego gebraucht.

Für die Frau bestand die Lehre daraus nun darin, sich lieber zuerst um sich selbst zu kümmern und ihre jahrelange Opferhaltung endlich aufzugeben. Sie tendierte dazu, sich für die gesamte Familie aufzuopfern, aber Spaß machte es ihr keinen. Sie haßte dann manchmal ihre eigene Familie dafür.

„Vielleicht hat sich die ganze Situation genau deshalb ergeben, weil wir uns hier im Ashram viel bewußter darüber sind, was warum passiert. Wenn dieses Erlebnis diesmal dazu führt, daß du dich in Zukunft mehr um dich selbst kümmerst, dann hat es sich doch gelohnt", sagte ich.

So hatte sie es noch gar nicht gesehen, aber nach ein wenig Nachdenken stimmte sie mir zu und sah wieder fröhlicher aus.

Zum Glück war sie so versunken, daß sie mich gar nicht mehr nach meinem Problem fragte, über das ich sowieso nicht mehr hätte sprechen wollen. Ich kam mir plötzlich auch undankbar vor. So viel hatte ich wie immer von Saraji bekommen und so viel mitgenommen, und nun führte ich mich auf, weil der Abschied nicht meinen Vorstellungen entsprach. Für den Rest der Zeit würde ich mich in Dankbarkeit üben und die Heulsuserei abstellen. Diesen Unsinn würde ich mir selbst einfach nicht mehr „durchgehen" lassen.

Der öffentliche Darshan am Abend wird immer amüsanter, muß ich sagen. Es ist wie in einem Theaterstück – vielleicht wie in „Geschlossene Gesellschaft" von Sartre. Jeder erschafft sich hier konsequent seine eigene Hölle.

Die indischen Anhänger der Stadt hatten jahrelang gejammert, sie wollten Saraji öfter vor Ort haben. Nun hat er einen zweiten Ashram in der Stadt eröffnet, und obwohl alle geschworen hatten, auch in seiner Abwesenheit zum Bhajan-Singen zu kommen, rücken sie aber tatsächlich, wie schon erwähnt, erst zehn Minuten vor Ende des einstündigen Singens an, und dann wollen sie nur mit Saraji reden und seine Ratschläge hören. Wenn er nicht in der Stadt ist oder keinen öffentlichen Darshan abhält, erscheinen nicht mehr als zwei bis fünf von den Hunderten von Leuten, die sich seine Devotees nennen und die beim Darshan Rat haben wollen.

Scheinbar greift Saraji nun zu erzieherischen Maßnahmen. Vorgestern erschien er nämlich nur für zwanzig Minuten während des Singens und verschwand danach sofort wieder. Kein Vibuthi und keine Gespräche. Gestern war es noch lustiger – da tauchte er nämlich einfach gar nicht auf.

Es ist der Hit, was das bei den Devotees auslöst. Man weiß ja nicht, was in den Köpfen der Inder vor sich geht, aber die Gäste, die im Ashram wohnen, so wie Elli und ich, spinnen es sich aus. Manche meinen, er wäre nicht gekommen wegen ihrer schlechten Gedanken, weil sie eine Puja geschwänzt hätten oder wegen einer bestimmten Person oder irgend etwas anderem. Das ist total ausgeflippt.

Elli hat kurz mitgemischt. Sie meinte, Saraji würde ihre Eifersucht spüren und nun erst recht nicht mehr auftauchen, das wäre alles wegen ihr.

Ich sagte ihr, ich wolle zwar ihren Wert um nichts mindern, schon gar nicht den, den sie für mich habe, aber DAS hielte ich doch für eine arge Selbstüberschätzung, daß er zweihundert Inder im Regen stehen lasse, nur um ihr eine Lehre zu erteilen. Das sah sie dann ein und beruhigte sich wieder etwas.

So etwas Albernes, manche Ideen, die die Leute hier entwickeln, sind wirklich paranoid.

Später:
Soeben ging der letzte Abend zu Ende, das Finale ist vorüber. Morgen abend reisen wir mitten während des Darshans ab.

Es war, wie ich schon geahnt hatte, für unsere Ashram-Verhältnisse während der letzten Tage ein nahezu bombastisches Ende. Beim Darshan war wie immer nix los, Saraji ließ sich nur kurz besichtigen und war wieder weg. Danach saß er fast zwei Stunden mit ein und demselben Devotee zusammen, und alle anderen sahen aus der Ferne zu. Dieselbe skurrile Szenerie wie so oft. Mittlerweile habe ich mich daran gewöhnt.

Elli erzählte mir flüsternd, sie glaube ihre Eifersucht überwunden zu haben. Sie hätte beschlossen, statt dessen dankbar für das Erlebte zu sein. Außerdem wäre der Devotee, der gerade das lange Gespräch hatte, ein sehr netter, und sie würde ihm alles Glück der Welt gönnen.

„Na wunderbar", dachte ich mir und versuchte, mich noch einmal in das gigantische Gefühl während der Meditation neulich im Garten zu versenken. Ich versuchte ICH1 wieder mit dem Herzen zu spüren und das Gefühl zu genießen. Es gelang, zwar nicht ganz so wie neulich, aber dennoch ganz deutlich. Das zerstört mir zwar vermutlich meine letzte Chance auf einen Ring zum Abschied, dachte ich. Aber auf lange Sicht habe ich ja ICH1 immer dabei, und um Saraji zu sehen, müßte ich nach Indien reisen.

Aber da er ja dafür plädiert, daß man irgendwann eine Entscheidung für eine Richtung und einen Lehrer fällt, hatte ich damit bei ihm sicher verloren. Nicht, daß ich nun plötzlich doch ein ernsthafter Devotee werden wollte, aber eine Erinnerung an die nun doch sehr schöne Zeit in seinem Ashram hätte mich durchaus auch gefreut. Egal, meine „Treue" gilt ICH1, dachte ich und genoß weiter das Gefühl.

Kurz darauf kam Saraji zur Gruppe nach vorne gelaufen und ließ wieder alles für eine Runde Caromboard vorbereiten. Elli und ich standen händchenhaltend und ganz zufrieden in unserem Sein zufällig neben ihm, während das Brett aufgebaut wurde.

Er sprach uns an und sagte, Zufriedenheit sei das wichtigste im Leben. Wenn ein Mensch 3000 Mark im Monat verdienen würde und zufrieden wäre, und ein anderer würde 10.000 Mark im Monat verdienen, wäre aber nicht zufrieden – wer wäre dann glücklicher, wer hätte das schönere Leben? An dem Beispiel könne man sehen, daß Zufriedenheit das wichtigste wäre.

Ich hörte nur mit halbem Ohr hin, weil ich mich einerseits noch stark mit meinem Inneren verbunden fühlte und andererseits mit Elli an meiner rechten Hand. Aber zum freundlichen Zurücklächeln reichte es gerade noch, denn die warme Vertrautheit, die immer aus seinen Augen blitzt, schätze ich nach wie vor sehr.

Saraji fing an, mit der Hand zu kurbeln und sie in der Luft zu drehen. Zunächst dachte ich mir nichts weiter und schaute nur in der Gegend herum. Ellis aufgeregter Händedruck erinnerte mich dann: Moment mal, das ist doch die Handbewegung, die er oft beim Materialisieren macht..., und sofort sah ich wieder konzentriert hin. Er hatte kurz innegehalten, sah seine leere Hand an und machte noch eine schnelle Drehbewegung, dann: „Schnipp" – er hielt die Hand still, und nichts war zu sehen. Halt doch, plötzlich, so wie bei einem schlechten Filmschnitt, von einem Augenblick zum anderen, hielt er einen Ring zwischen den Fingern.

Während die anderen zu klatschen begannen, starrte ich noch – fassungslos wie immer – auf seine Hand und fragte mich, für wen das gute Stück wohl wäre. In derselben Sekunde wurde es mir auch schon klar. Als ich mir vor ein paar Tagen den frisch materialisierten Ring eines Devotees angesehen hatte, hatte ich mir spaßeshalber überlegt, wie ein Ring aussehen müßte, der mir gefallen würde. Ich habe bisher noch keine zwei gleichen Formen und Farben gesehen, und so entschied ich mich für die Farbe grün und eine bestimmte Form, die ein männlicher Devotee trug – nur schmaler. Der Ring des Devotees war mir zu wuchtig. Der Ring, den Saraji nun in der Hand hielt, war grün und hatte genau die Form, die ich mir vorgestellt hatte.

In dem Moment nahm er auch schon meine linke Hand und steckte mir den Ring an einen Finger. Es war genau der Finger, an dem ich eine Zeitlang ganz gerne Ringe getragen hatte. In meiner Dekadenz hatte ich sie mir alle beim Juwelier nach meinem Geschmack sonderanfertigen lassen. Das Hauptproblem war immer die Größe. Irgendwie trafen die Goldschmiede sie nie genau. Entweder die Ringe waren eine halbe Nummer zu groß oder zu klein. Genau passend schien unmöglich zu sein.

DIESER Ring jedoch paßte genau. Ich war sprachlos. In meinem Inneren gab es einen Schlag, und ich war überzeugt: Jawohl, mein bisheriges Weltbild bedarf einer Korrektur! Aber nicht das erneute Materialisieren hatte mich überzeugt. Denn dieser Filmschnitt vor meinen Augen erzeugte allenfalls einen Filmriß in meinem Gehirn, zum Glauben an echte Wunder verhalf mir das nicht. Aber daß der Ring meine Wunschfarbe und meine Wunschform hatte UND daß es der erste Ring war, der exakt auf meinen Lieblingsfinger für Ringe paßte – that did the job! Das überzeugte mich wirklich. So viele Zufälle auf einmal konnte es einfach nicht geben.

Elli hatte schon wieder Tränen in den Augen. Diesmal sah sie allerdings nicht nach Eifersucht aus. Sie lächelte und sagte, sie freue sich sehr für mich, und immerhin würde sie ja nun bald mit einem von Saraji materialisierten Ring unter einem Dach wohnen und könnte ihn immer wieder ansehen. Sie meinte es ehrlich, sie war noch auf dem Dankbarkeitstrip, und er wirkte tatsächlich. Ich muß sagen, ich war sehr erleichtert über ihre Reaktion.

Wir wurden in unserer Kurzunterhaltung durch die Rufe der anderen gestört, die sagten, wir beiden Tagträumer sollten doch endlich mal hinsehen. Saraji schwenkte schon wieder mit der Hand in der Luft. Diesmal produzierte er einen enorm kitschigen Ring mit vielen Schnörkeln und einem fliederfarbenen Stein. Der konnte nur für Elli sein. Saraji hatte ihre Vorliebe für Kitsch durchschaut, und so war es auch. Diesmal fing sie endgültig zu heulen an, aber es störte keinen, mich auch nicht.

Dann setzten sich alle um das Spielbrett, und Elli und ich durften gemeinsam neben ihm sitzen. Ich war schon wieder froh, daß mich keiner meiner Bekannten von zu Hause sehen konnte. Da saß ich verzückt grinsend neben einem indischen Guru und bekam das Lächeln nicht mehr aus dem Gesicht, es hing fest. Schade, daß Udo das verpaßt hatte. Aber er selbst hatte ja schon einen Ring.

Nach einer Stunde beruhigte ich mich etwas, und die Mundwinkel senkten sich aus der Position vom oberen Anschlag immerhin schon einen halben Zentimeter tiefer, aber selig grinsen mußte ich noch immer.

Eines der indischen Mädchen spielte diesmal mit. Sie spielte im gegnerischen Team von Saraji, und sie tat sich etwas schwer. Gegenwärtig hatte sie schon zweimal versucht, einen bestimmten Stein ins Loch zu schießen, aber sie hatte ihn immer wieder verfehlt.

Saraji war an der Reihe, und mir ging der Gedanke durch den Kopf, daß er dem Mädchen einen Gefallen tun und ihren Stein in eine für sie günstigere Position schießen könnte, nämlich näher ans Loch.

Saraji zielte auf seinen eigenen Stein, verfehlte ihn, schnitt statt dessen ihren Stein an, und dadurch rutschte er an genau die Stelle, die ich mir nur einige Sekunden zuvor vorgestellt hatte.

Total beeindruckt und hoch erfreut strahlte ich Saraji an. Er antwortete mit einem leicht erstaunten Blick, denn schließlich hatte er seinen eigenen Schuß versemmelt.

Mir ging durch den Kopf, was einer von uns vor ein paar Tagen schon einmal angesprochen hatte, ich glaube, Udo war es gewesen. Daß nämlich Saraji mit seinem menschlichen Bewußtsein niemals die Gedanken von jedem einzelnen lesen könne, um dann einen komplizierten Plan auszuarbeiten, wie er wen wann am geschicktesten behandle oder wer wann welche Antwort brauche. Es schien vielmehr so zu sein, daß er sich in seiner teenagerartigen verspielten und manchmal herumalbernden Art oft gar nicht dessen bewußt ist, was um ihn herum vorgeht. Die Energie, die durch ihn fließt, hat dafür den totalen Überblick, und sie regelt alles *durch* Saraji, und zwar sehr oft, ohne daß er es mitbekommt. Er macht einfach nur das, wonach ihm der Sinn steht, was die Energie ihm eingibt, und es trifft den Kern der Sache häufig in genialer Weise.

Dies schien so ein Fall zu sein. Die Energie in ihm hatte ihn veranlaßt, meinen kleinen Wunsch zu erfüllen, aber er hatte es selbst gar nicht bemerkt. Von da an beobachtete ich das Spiel sehr aufmerksam, um zu sehen, ob es weitere Hinweise auf Übernatürlichkeiten gäbe.

Es gab sie. Einmal schoß einer der gegnerischen Spieler auf einen Stein, und im Moment des Zusammenstoßes zwischen Striker (dem Schußstein) und dem Spielstein hielt Saraji seine Hand an eine Stelle neben das Brett, wo es den Stein Sekunden später hinkatapultierte, weil der Schuß zu stark gewesen war und der Stein in hohem Bogen aus dem Spielfeld flog. Seine Hand war am richtigen Platz, bevor der Spielstein in Bewegung geriet. Das war ein weiteres Wunder für mich.

Während des Spiels riß er meist parallel Witze mit den Devotees. Zweimal kommentierte er einen Satz eines Devotees treffend, bevor derjenige ihn überhaupt ausgesprochen hatte und bevor er wissen konnte, was der Devotee überhaupt sagen wollte. Dennoch fing er gleichzeitig schon seinen Antwortsatz an und antwortete passend.

So etwas geht so schnell, daß es kaum einem auffällt, wenn man nicht gezielt hinhört und darauf achtet. Mir fiel heute abend nur auf, daß ich in den letzten gut zwei Wochen bei solchen Unterhaltungen hin und wieder das Gefühl gehabt hatte, daß irgend etwas seltsam sei oder nicht stimme. Es war ein leichtes Befremdetsein, das ich aber jeweils sofort wieder vergaß, weil ich es mir nicht erklären konnte.

Jetzt glaube ich zu wissen, was es gewesen ist. Ich habe vermutlich unbewußt registriert, daß manche Antworten einfach zu schnell kamen, und meine Intuition hatte mir diesen Fehler im linearen Zeitablauf zwar gemeldet, aber die Botschaft war nicht ganz bis zum Verstand durchgedrungen. Irre, auch das zu registrieren empfand ich als ein weiteres Abschiedsgeschenk.

Als wir schließlich alle ins Bett gingen, kam Saraji zur Verabschiedung zu uns, und ich stellte ihm eine letzte Frage. Ich wollte wissen, was er gedacht hätte, als er mich in der ersten Woche oft so skeptisch angesehen hatte. Er lächelte mich sehr warm an und sagte, er wäre niemals skeptisch gewesen. Er hätte von Anfang an gewußt, daß ich prima hierherpasse und daß es mir gefallen würde. Es wäre meine eigene Skepsis gewesen, die ich in ihm wie in einem Spiegel gesehen hätte.

Innerlich haderte ich mit der Aussage, daß ich angeblich gut hierherpassen würde. Aber es stimmt ja, daß ich sehr viel mitnehme und dieser Urlaub einen entscheidenden Einfluß auf den Rest meines Lebens haben wird, wie ich vermute. Also ließ ich es bei dieser Aussage und bedankte mich nur bei ihm.

Er klopfte mir auf die Schultern und sagte, ich solle nächstes Jahr Ende Februar wiederkommen und nachsehen, ob er wirklich einen Lingam aus seinem Körper heraus gebäre. Er würde mir auch einen Platz in der ersten Reihe reservieren, damit ich genau hinsehen könne, ob er dabei skeptisch dreinschaue oder nicht.

🧘 🧘 🧘

Wir nahmen zunächst einen innerindischen Flug nach Delhi und hatten dort einen ziemlich langen Aufenthalt, ehe wir weiter nach Deutschland fliegen konnten. In der Wartehalle am Flughafen trafen wir eine Frau, die kurz nach unserer Ankunft im Ashram dort abgereist war. Sie war danach querbeet durch Indien gereist und war nun ebenfalls auf der Rückreise.

Als sie uns sah, winkte sie uns gleich zu, und wir setzten uns zu ihr. Als erstes wollte sie wissen, wie lange wir denn geblieben wären, und dann, wie es uns gefallen hätte. „Sehr gut", antwortete ich sofort, und „sehr kontrovers, aber insgesamt trotzdem auch gut", war Ralfs Antwort.

„Nun, dann ist es euch besser ergangen als mir", sagte sie mit einem etwas spitz zusammengekniffenen Mund. Ralf war wohl neugierig, was ihr nicht gefallen hatte, denn er fing an aufzuzählen, was er selbst alles gräßlich gefunden hatte. Als sie daraufhin tief Luft holte und zu einer langen Rede anhob, zwinkerte Ralf mir zu. Offenbar hatte sie sich planmäßig verhalten.

Dieser Pseudo-Guru dort wäre ja wohl der größte Scharlatan, der ihr je begegnet sei, und das Ganze wäre die lächerlichste Show gewesen, die sie in ihrem ganzen Leben je gesehen hätte, polterte sie los und schimpfte sich so richtig aus. Ralf stachelte sie mit beipflichtenden Bemerkungen weiter an. Ich fand, daß er allmählich übertreiben würde. Die Frau war mir auch gar nicht sehr sympathisch. Sie hatte einen harten Zug um den Mund und sehr strenge Falten. Auch ihre Augen blickten so gar nicht freundlich drein, sondern vielmehr verurteilend und fordernd.

Ich war sehr schweigsam, da mir das Gespräch nicht gefiel, und erntete dafür ab und zu einen spöttischen Blick von ihr. Sie hatte mich vermutlich gleich als zu naiv eingestuft, weil ich so spontan und begeistert gesagt hatte, wie gut es mir im Ashram gefallen habe.

Nach einer halben Stunde trat eine kurze Redepause ein, und Ralf sagte dann vor sich hinsinnend, er könne sich gut vorstellen, daß man diesen Eindruck, den sie gewonnen hatte, auch haben könnte. Ihm wäre es am Anfang ganz ähnlich gegangen, und er wäre ihr sehr dankbar für das Gespräch.

Die Frau fragte daraufhin mit hochgezogenen Brauen nach: „Am Anfang? Und dann? Hast du deine Meinung noch geändert?"

Ralf sagte, ja, er habe noch eine ganz andere Seite und Sichtweise der Dinge im Ashram entdeckt, und er sei, besonders auch nach dem Gespräch jetzt mit ihr, sehr froh, daß er diese Art des Einblicks auch noch erhalten habe. Denn bei der Einstellung, mit der er angereist wäre, hätte es gut sein können, daß er mit nicht viel mehr als denselben negativen Eindrücken wie sie wieder hätte abreisen müssen.

Wir blickten Ralf beide etwas erstaunt an. Die Frau sah etwas mißtrauisch indigniert aus und stand dann ziemlich abrupt auf, um sich etwas zu trinken zu holen. Ich war erstaunt, was er mit der „Einstellung, mit der er angereist wäre", gemeint hatte.

Ralf schien meinem fragenden Blick etwas auszuweichen, holte tief Luft und sagte dann, manche der Dinge, die er in den Büchern über Saraji gelesen hatte, hätten ihm überhaupt nicht gefallen und er sei deshalb nicht von Anfang an glücklich im Ashram gewesen. Er hätte sich die Sache aber näher ansehen wollen, bevor er mit mir darüber sprach.

Dann fingen seine Augen wieder an zu leuchten, als er mir sagte, bei dieser Frau hätten bestimmt wieder die Ashramgesetze gewirkt. Ihre innere Haltung hätte jedes spirituelle Erlebnis mit Saraji verhindert. Das habe ihn jetzt sehr beruhigt, denn offenbar müsse er ja zumindest etwas weniger negativ sein als diese Frau, weil er ja noch sehr viele tolle Erlebnisse im Ashram hatte. Der Gedanke schien ihn regelrecht zu beglücken.

Ich muß etwas verdutzt dreingeschaut haben, weil er gar so begeistert war, und er fügte hinzu: „Wir haben doch alle auf dem einen oder anderen Gebiet unsere versteckten Minderwertigkeitskomplexe und freuen uns, wenn wir doch nicht ‚ganz so schlimm' sind, wie wir dachten, oder?"

Das stimmte natürlich, aber ich hätte nie vermutet, daß Ralf auch dazugehört. Er kommt mir immer so selbstbewußt vor. Aber da sieht man, wie wenig man in seinem Partner drinsteckt und was für heimliche Komplexe er haben kann, von denen man mitunter keine Ahnung hat.

Als die Frau mit ihrem Getränk wiederkam, sagten wir ihr, wir wollten ins Restaurant etwas essen gehen, und verabschiedeten uns von ihr.

Jetzt bin ich bereits seit zwei Wochen wieder zu Hause, und im Büro war gleich so richtig die Hölle los. Ungefähr tausend wichtige Entscheidungen mußten sofort gefällt werden, und ich hatte einen Termin nach dem anderen. Trotzdem gelang es mir am ersten Tag noch, den Satz, „Keine Wahrheit ist so kraftvoll wie die, die aus dem eigenen Inneren kommt – selbst dann nicht, wenn sie gegen alles ist, was alle anderen sagen", in einer schönen Schrift auszudrucken und bei mir im Büro aufzuhängen.

„Liebe den Himmel, sonst landest du in der Hölle" fiel mir erst heute vormittag wieder ein, als ich im Taxi durch den dichten Stadtverkehr fuhr und erstmals wieder Zeit zum Nachdenken hatte. Eigentlich hatte ich schon wieder alles vergessen, was in Indien gewesen war. Ein kurzer Urlaub dort hatte nicht ausgereicht, um einen wirklich starken Eindruck in meinen seit 30 Jahren bestehenden Alltag mitzunehmen.

Mir fiel ein, wie sehr ich mich in Indien auf „richtiges Essen" gefreut hatte, wie ich „gute Geister" dazu hatte einladen wollen und wie unbewußt und nebenbei ich das Essen bereits jetzt wieder herunterschlang.

In dem staubigen Dreckzimmer in Indien war mir meine Wohnung zu Hause wie ein Palast erschienen. Kaum hier angekommen, betrat ich sie mit derselben Selbstverständlichkeit und Unbewußtheit wie seit Jahren. Solange ich im Ashram war, war ich mir sicher, daß mir alles in Deutschland bei meiner Rückkehr schöner, leuchtender und himmlischer erscheinen würde. Pustekuchen! Die alten Alltagserinnerungen und -gefühle waren stärker. Über den vielen Dingen, die ich zu tun hatte, habe ich alles vergessen und bin sofort wieder in meine gewohnheitsmäßige Gleichgültigkeit verfallen.

Aber immerhin, heute vormittag im Taxi ist es mir wieder eingefallen, und noch ist die letzte Chance nicht vertan. Ich habe Elli angerufen und es ihr genauso gesagt, so wie ich es jetzt hier schreibe. Schluß mit Märchen und Verstellen. Ich will ich selbst sein können und sage ihr ab sofort, was ich wirklich denke – aus dem Moment heraus, meine ich. Mein ganzes Tagebuch aus dem Urlaub und daß ich ihr den Esoteriker am Anfang komplett vorgespielt habe, lasse ich sie frühestens in zwanzig Jahren lesen. Aber ich kann ja zumindest in der Gegenwart die Dinge neu beginnen.

Jedenfalls war sie gerade eben am Telefon sehr geschäftstüchtig und schlug mir einen Tausch vor. Sie würde mit mir einen Spaziergang durch meine Wohnung und mein Büro, den Stadtpark und so weiter unternehmen und mit mir überall nach den „Wundern des Lebens" Ausschau halten. Wenn wir das jede Woche eine Stunde machen würden, dann würde ich es bestimmt nie wieder ganz vergessen. Das hörte sich nach einem brauchbaren Konzept an.

Dafür hätte sie dann aber gerne ein paar Tips von mir bezüglich selbständiger Tätigkeiten. Ich war höchst erstaunt. Seit unserer Rückkehr ist sie die ganze Zeit eifrig am Werkeln und Rumtelefonieren gewesen und wollte gar nicht so recht rausrücken, was sie da tut. Nach den Andeutungen von eben zu urteilen hat sie ein Konzept für einen Entspannungsabend erarbeitet, den sie bei der Volkshochschule und verschiedenen anderen Institutionen anbieten will. Außerdem näht sie gerade an irgendwas. Das Irgendwas wird in zwei Wochen fertig, und dann muß ich ihr meine Meinung dazu sagen.

Ich war einverstanden mit dem Tausch.

Ein Jahr später

Keine Ahnung, was ich Depp damals nach meiner Heimkehr aus Indien erwartet hatte. Ich glaube, mich hatte so eine Art kleinkindlicher Glaube befallen, daß diese „unsichtbare Kraft", die ich nun entdeckt hatte, die Dinge von ganz allein für mich ändern würde, und ich bräuchte bloß zuzusehen.

Aber nicht umsonst bin ich Geschäftsmann und damit ein Mann der Tat. Als sich ruckizucki derselbe unbefriedigende Alltag wie zuvor einstellte, las ich irgendwann mein gesamtes Tagebuch aus Indien noch einmal durch und überlegte, was falsch gelaufen war. War doch alles nur eine Illusion, oder warum war nicht mein äußeres Leben genauso auf den Kopf gestellt – im positiven Sinne –, wie mein inneres Weltbild sich verändert hatte?

Die Lösung war mal wieder ganz einfach: Diese neue unsichtbare Kraft, die ich in Indien entdeckt hatte, konnte zwar die Dinge im Außen steuern und beeinflussen, aber nur in dem Maße, wie ich mich innerlich änderte. Eigentlich ganz klar: Meine inneren Zustände und Glaubenssysteme sind wie eine Art Navigationssystem, das entscheidet, was mir im Außen begegnen wird und ob mein Alltag grau in grau und zäh oder bunt und fröhlich wird.

„Wenn du in der Materie fehlgehst, wirst du auch im Spirituellen fehlgehen" oder so ähnlich, hatte unser

Guru es formuliert, und ich bin sicher, er hatte damit gemeint, daß man auch im Spirituellen seinen Hintern immer noch selbst um die Kurve heben muß.

Aber im Gegensatz zu früher mußte ich das nicht rein durch äußere Handlung tun, sondern es kam vielmehr darauf an, daß ich mich innerlich drehte und für diese Kraft öffnete, damit sie überhaupt wirken konnte. Aber das mußte ich nach wie vor selbst tun. Kein Problem, nachdem ich es kapiert hatte. Das wäre mir gegen meine Ehre als erfolgreicher Umsetzer von Ideen gegangen, wenn ich eine gemachte Erkenntnis dann nicht auch angewandt hätte.

Die Qualität meiner zwischenmenschlichen Kontakte hat sich *seitdem* vervielfacht, egal ob privat oder geschäftlich. Ich mache mehr Umsatz im Geschäft mit mehr Spaß und bei mehr Freizeit und fühle mich fitter und gesünder auf allen Ebenen.

Elli spornt mein Umsetzungsdrang total an. Ihr fehlte damals vor einem Jahr noch mehr die materielle Seite, die spirituelle und meditative beherrschte sie ja schon lange recht gut. Heute fühlt sie sich auch in der Materie wohl, wie sie sagt. Sie näht inzwischen eine Art europäisierten Panjabee (ein typisch indisches Outfit, halb Kleid, halb Hose) auf Auftrag und hat einen Riesenspaß dabei. Sie ist viel selbstbewußter geworden.

Mich befallen zwar auch immer wieder mal ein paar Tiefs an Unbewußtheit und nörglerischer Unzufriedenheit, und Elli hat ab und zu diese „Ach-das-schaffe-ich-ja-doch-nicht-Anfälle", aber wir können uns inzwischen ganz prima gegenseitig „erinnern", und dann finden wir schnell aus den Tiefs wieder raus. Wenn gar nichts zu helfen scheint, lese ich einfach mein Tagebuch noch mal durch.

Elli hat übrigens in Indien auch Tagebuch geschrieben, allerdings nicht so viel wie ich. Wir haben uns inzwischen gegenseitig in unseren Ergüssen lesen lassen. DAS war auch interessant. Wir haben beide dabei unsere Überraschungen erlebt. Aber Elli hat es erstaunlich gelassen genommen, daß sie eigentlich einen Skeptiker als Freund hat. Sie war sogar fast geschmeichelt darüber, wie mir schien. Typisch Frau, man weiß nie, was in ihren Hirnen vor sich geht, möchte ich fast sagen. Es muß der Aufwand gewesen sein, den ich ihretwegen betrieben habe, der ihr gefallen hat.

Ansonsten gibt es noch zu sagen, daß wir gestern eine neue Wohnung gefunden haben und nächsten Monat zusammenziehen.

Eigentlich habe ich derzeit überhaupt nur noch ein Problem: Ich kann mich ganz schwer zurückhalten, nicht jedem verbohrten Hornochsen (so einem, wie ich es vorher war) mit dem Hammer einzubleuen, daß er einen Fehler macht, wenn er sich nicht sofort für die spirituelle Seite des Lebens öffnet und damit zu mehr Erfüllung, Glück und Tiefe in selbigem findet. Es macht mich rasend, wenn sich einer so stur stellt wie ich zuvor und jeder Missionierung trotzt.

Das ist dieser Tage meine schwierigste innere Aufgabe. Man stelle sich nur vor, was hier auf dem Planeten los wäre, wenn ALLE kapieren würden, welchen Turboglücksbeschleuniger sie da im Inneren verborgen sitzen haben. Wir hätten einen Himmel auf Erden – und da soll man nicht ungeduldig werden, wenn die Leute das nicht gleich einsehen...

Anhang

Anleitung „Wie werde ich selbst ein Guru?"

Egal, zu welchem indischen Guru man geht, sie haben fast alle eines gemeinsam: Sie scheinen häufig überhaupt keine Ahnung zu haben, warum sie etwas tun, aber sie tun auf magische Weise ständig das Richtige. Sie sind, weit mehr noch als kleine Kinder, an die Energie des Kosmos angeschlossen und so intuitiv, daß sich in ihrer Gegenwart eine Fügung nach der anderen ergibt.

Nach einem besonders guten Seminar, nach sehr tief berührenden zwischenmenschlichen Kontakten oder besonderen Entspannungen sind auch im Westen viele Menschen mittlerweile zumindest für einige Stunden oder Tage in einem entfernt ähnlichen Zustand. Sie spüren, daß eine Energie durch sie hindurchfließt, von der sie sich lenken, leiten und helfen lassen können.

Der Fehler, den wir beim „Anhimmeln eines Gurus" machen, ist der, daß wir denken, es wäre das menschliche Bewußtsein des Gurus, das alles weiß und die Gedanken von allen gleichzeitig liest. Beispielsweise passiert es oft, daß ein Anhänger bei einer Meditation im Geiste eine Frage stellt, und als Antwort erscheint ihm das Bild des Gurus und gibt ihm Ratschläge.

Es ist ein Irrtum zu glauben, die Antwort wäre vom menschlichen Teil des Gurus gekommen. Sie ist vielmehr von der Energie gekommen, an die er angeschlossen ist, nämlich vom Gesamtbewußtsein, an das wir uns alle ganz genauso anschließen können. Wenn man nämlich den Guru in seinem physischen Körper auf den Ratschlag anspricht, den er einem in einer Vision gegeben hat, dann hat er davon in den allermeisten Fällen keine Ahnung.

Diese Verwechslung führt zu den unfruchtbaren Formen des Anhimmelns und dazu, die Tatsache zu verpassen, daß wir alle die Lösungen in uns selbst finden können. Es ist ein völlig realistisches Ziel, über die Intuition mit dieser Kraft im Inneren immer mehr Kontakt zu bekommen und sich genauso von ihr leiten zu lassen wie ein Guru.

Wenn man dann noch dazu immer mehr Frieden schließt mit allem und jedem, was auf dieser Welt so lebt und wie sie alle leben, dann kommen automatisch immer mehr von diesen Wunderkräften mit dazu. Sobald wir den Widerstand in uns gegen das, was ist, aufgeben, kann immer mehr von dieser Energie durch uns durchfließen und die Wunder bewirken.

Über die Autorin

Bärbel Mohr, Jahrgang 1964, ist erfolgreiche Buchautorin (*Bestellungen beim Universum*), Videoproduzentin (*Herzenswünsche selbst erfüllen*) und seit kurzem Mutter von Zwillingen. Sie lebt mit ihrer Familie größtenteils in Bayern.

Zum vorliegenden Buch sagt sie von sich selbst, daß sie „mehr Ralf als Elli" ist: „Mein Intellekt hört nicht auf, sich darüber zu wundern, daß es anscheinend tatsächlich höhere Mächte gibt, an deren Existenz ein Teil von mir immer wieder zweifelt. Das Gefühl hat kein Problem damit, doch der Verstand kann es nach wie vor nicht fassen, was er da erlebt."

Die Homepage www.baerbelmohr.de enthält Fragen und Antworten zu Bärbels Büchern, ein Forum, ein Online-Magazin und Tips zu vielen Bereichen sowie Seminar- und Vortragstermine.

www.baerbelmohr.de

- alle Bücher
- Fragen & Antworten zu den Bestsellern
- ein kostenloses Online-Magazin zu spannenden Themen aus vielen Lebensbereichen
- Lebensfreude-Seminare und Vorträge mit Bärbel
- ein Leserforum

in deutsch und teilweise in englisch

Ein VIDEO von und mit Bärbel Mohr:

Herzenswünsche selbst erfüllen

Ein Mutmachvideo für Job und Freizeit in dem Bärbel Mohr Menschen vorstellt, die auf ihre ganz eigene Weise ihren Herzenswünschen und Eingebungen gefolgt sind und aus kleinen Gelegenheiten des Lebens große gemacht haben. Mit dabei sind die "Universum-Besteller" Edith, Günther und Dieter aus dem Buch "Universum & Co". Ausserdem Menschen, die ihren Visionen folgten:
M. Yunus, der mit einem Startkapital von 27$ eine "Bank für Arme" gründete. Dan Carlson, der für eine Idee gegen den Welthunger betete und sie bekam. Don Cox, der auf ungewöhnliche Weise sein Gewächshaus heizt u.v.m.

30,20 €+ 3€ Porto, ca. 135 Min., **_ausschließlich erhältlich bei:_**
Traumvogel-Verlag, Akazienstr. 28, 10823 Berlin, Roland Rocke,
Tel. 030-7875400, *Fax: 030-78705486, E-Mail: best@traumvogel.de*
Bestellung übers Internet: *www.traumvogel.de/baerbelmohr.htm*

Weitere Bücher von Bärbel Mohr

Bärbel Mohr
Bestellungen beimUniversum
Ein Handbuch zur Wunscherfüllung

13. Auflage, 136 S., gebunden, € 10,20 • SFr 19,-
ISBN 3-930243-13-X

Bärbel Mohr zeigt, wie man sich den Traumpartner, den Traumjob oder die Traumwohnung und vieles mehr einfach „herbeidenken" und quasi beim Universum „bestellen" kann.
Sie bringt dem Leser bei, wie er auf seine innere Stimme hören, wie er sich selbst gegenüber eine stärkere Verpflichtung eingehen und sein Leben positiver gestalten kann. Zahlreiche kleine Anekdoten und Parabeln durchziehen das humorvoll geschriebene Büchlein, das durch Lebenstips für jeden Tag abgerundet wird.
Ein ideales Geschenkbändchen, das einen auf sonnige Gedanken bringt.

Bärbel Mohr
Der kosmische Bestellservice
Eine Anleitung zur Reaktivierung von Wundern

5. Auflage, 224 S., gebunden, € 15,30 • SFr 27,50
ISBN 3-930243-15-6

In diesem Buch vertieft die Autorin die nötigen Voraussetzungen zur Wunscherfüllung. In ihrem unnachahmlichen frech-fröhlichen, humorvollen Stil berichtet sie von den neuesten Bestellerfolgen, analysiert aber auch Mißerfolge und legt weitere Kriterien dar, die es im Umgang mit dem „kosmischen Bestellservice" zu beachten gilt. Außerdem hilft sie dem Leser, tiefverwurzelte Bedenken und Zweifel auszuräumen, die erfolgreiches Bestellen behindern können. Ferner vermittelt sie eine Reihe extrem einfacher, aber wirksamer Rezepte zur Gestaltung der eigenen Realität und zur Reaktivierung von Wundern, die das Leben insgesamt leichter, erfüllter und fröhlicher machen. Zahlreiche zum Teil schier unglaubliche wahre Geschichten tragen zur idealen Grundschwingung für erfolgreiches Bestellen bei.
Ein hoch motivierender Lesespaß für Neueinsteiger und Fortgeschrittene!

Zu beziehen in jeder guten Buchhandlung oder bequem und schnell direkt bei uns

Omega®-Verlag
Gisela Bongart & Martin Meier (GbR)

http://www.omega-verlag.de

Karlstr. 32   D-52080 Aachen
Tel.: 0241-16 81 630 • Fax: 0241-16 81 633
e-mail: omegate@compuserve.com

Fordern Sie auch unser kostenloses Verlagsverzeichnis an!

Weitere Bücher von Bärbel Mohr

Bärbel Mohr
Universum & Co.
Kosmische Kicks für mehr Spaß im Beruf

3. Auflage, 224 S., gebunden, € 15,30 • SFr 27,50

ISBN 3-930243-18-0

Für viele Menschen gehört die Arbeit nicht zum „richtigen" Leben. Letzteres fängt für sie erst nach Feierabend an oder findet in den wenigen Wochen Urlaub statt. Bärbel Mohr zeigt, wie man auch am Arbeitsplatz ein freudvolles, erfülltes Leben führen kann. Sie stellt Menschen vor, die sich „den kosmischen Bestellservice" im Berufsleben zunutze machen und ihre Arbeit dadurch leichter und vergnüglicher gestalten. Andere Beispiele handeln davon, wie man sich beim Universum erfolgreich den idealen Job bestellt. Darüber hinaus hält die Autorin wertvolle Tips für Arbeitslose, frustrierte Angestellte oder krisengeschüttelte Unternehmer bereit.

Auch auf Geld und unsere Einstellung dazu geht die Autorin ein, und sie zeigt Wege auf, wie man vom Mangeldenken zu einem Bewußtsein der Fülle gelangt. *Viele inspirierende und unterhaltsame Geschichten sorgen wie immer bei Bärbel Mohr für höchsten Lesegenuß.*

Bärbel Mohr
Reklamationen beim Universum
Nachhilfe in Wunscherfüllung

3. Aufl., 192 S., gebunden, € 10,20 • SFr 19,-

ISBN 3-930243-24-5

Was tun, wenn man beim Universum etwas bestellt hat, und die Lieferung läßt auf sich warten? Nicht neu bestellen, sondern reklamieren, rät Bärbel Mohr. Wo? Natürlich beim Universum! Wie das geht, erfahren Sie in dieser „Nachhilfe in Wunscherfüllung".

Ein Selbsttest gibt Hinweise auf das, was man möglicherweise beim Bestellen falsch macht. Viel lernen kann der Leser auch aus Bärbels Antworten auf häufig gestellte Fragen zu ihren Büchern. Wie man seine Intuition und damit auch seine Fähigkeit zur Lieferannahme schärft, vermittelt ein Wochenplan mit Übungen für jeden Tag. Und für alle, die Rituale lieben, gibt es zum Schluß noch das „Fun-Bestellformular".

Zu beziehen in jeder guten Buchhandlung oder bequem und schnell direkt bei uns

Omega®-Verlag

Gisela Bongart & Martin Meier (GbR)

http://www.omega-verlag.de

Karlstr. 32   D-52080 Aachen

Tel.: 0241-16 81 630 • Fax: 0241-16 81 633

e-mail: omegate@compuserve.com

Fordern Sie auch unser kostenloses Verlagsverzeichnis an!

Weitere Bücher aus dem Omega-Verlag

Michael H. Buchholz

Alles was du willst

Die Universellen Erwerbsregeln für ein erfülltes Leben

3., erw. Auflage mit Vorwort von Vera F. Birkenbihl,
240 S., gebunden, € 15,30 • SFr 27,50
ISBN 3-930243-19-9

Alles was du willst ist bereits vorhanden, behauptet der Persönlichkeitstrainer Michael H. Buchholz. Du mußt es dir nur erwerben.

Dabei geht es um so viel mehr als nur um Geld – nämlich um Gesundheit, Wohlstand, Glück und Erfolg – kurz: um (d)ein erfülltes Leben.

Ein erfülltes Leben aber ist immer auch ein Leben in Fülle. Und wie du diese Fülle, den Schatz am Ende des Regenbogens, erwerben kannst, zeigen die „Universellen Erwerbsregeln".

Diese „Universellen Erwerbsregeln" gelten immer: Sie prägen stets deine augenblickliche Situation und formen deine Realität. Folgst du ihnen, so bringen sie dich deiner wahren Lebensaufgabe näher und offenbaren dir zugleich die immense Kraft, die in deinen eigenen Erwartungen verborgen ist. Denn: „Was wir erwarten, werden wir finden", wußte schon Aristoteles.

Zu beziehen in jeder guten Buchhandlung oder bequem und schnell direkt bei uns

Omega-Verlag

Gisela Bongart & Martin Meier (GbR)

http://www.omega-verlag.de

Karlstr. 32   D-52080 Aachen
Tel.: 0241-16 81 630 • Fax: 0241-16 81 633
e-mail: omegate@compuserve.com

Fordern Sie auch unser kostenloses Verlagsverzeichnis an!

Weitere Bücher aus dem Omega-Verlag

Grażyna Fosar & Franz Bludorf

Vernetzte Intelligenz

Die Natur geht online
> Gruppenbewußtsein
> Genetik
> Gravitation

342 Seiten, geb. mit Schutzumschlag
zahlr. Abb. im Text plus Bildteil, € 20,40 • SFr 37,-
ISBN 3-930243-23-7

Kosmisches Internet

Die Kernthesen dieses spannenden Buches lauten:

- Alle Lebewesen im Kosmos stehen über die neuentdeckte Hyperkommunikation miteinander in Verbindung und bilden ein Bewußtseinsnetzwerk
- Als Sender- und Empfängersystem fungiert dabei die Erbsubstanz, die DNA, die in Wahrheit eine Antenne ist.
- Gravitation und Schwerkraftanomalien beeinflussen unser Bewußtsein und Ereignisse des Weltgeschehens (z.B. Flugzeugabstürze oder die Börsenentwicklung).

Zu beziehen in jeder guten Buchhandlung oder bequem und schnell direkt bei uns

Omega-Verlag
Gisela Bongart & Martin Meier (GbR)
http://www.omega-verlag.de

Karlstr. 32   D-52080 Aachen
Tel.: 0241-16 81 630 • Fax: 0241-16 81 633
e-mail: omegate@compuserve.com

Fordern Sie auch unser kostenloses Verlagsverzeichnis an!